Eduard Bodenmüller

A cura di Andrea Lombardi

Con i Panther della "Brandenburg"

Gli ultimi combattimenti sul Fronte Orientale
nel diario di guerra di un carrista
della Panzergrenadier-Division "Brandenburg",
Febbraio-Maggio 1945

Si ringraziano Arthur Gullachsen per la consulenza iconografica, Andrew H. Lipps (*Wartime Collectables Militaria*) per le fotografie delle decorazioni e dei documenti appartenuti all'*Offizierantwärter* Eduard Bodenmüller, e Simona Oddo e Giorgio Sala per la collaborazione prestata.

L'editore ha compiuto ogni sforzo necessario per contattare i titolari dei diritti del materiale riprodotto in questo libro, e si impegna a riparare eventuali errori o omissioni nelle future edizioni del presente testo.

ISBN: 978-88-9327-3152 1st edition: Febbraio 2018
Title Con i Panther della "Brandeburg" (ISE-010) By Eduard Bodenmuller. testo curato da A.Lombardi
Editor: SOLDIERSHOP PUBLISHING. Cover & Art Design: L. S. Cristini.
Prima edizione a cura di Associazione Italia Storica - Genova Sttembre 2011

La Panzer-Grenadier Division "Brandenburg"
e i suoi ultimi combattimenti sul fronte orientale

La *"Brandenburg"* fu formata nel *Wehrkreis* di Berlino dalla *Lehr und Bau Kompanie z.b.V. 800*, creata il 25 ottobre 1939 e composta dalle unità di forze speciali formate dall'*Abwehr* (*Bataillon Ebbinghaus*) che si erano distinte nella campagna di Polonia. In seguito denominato *Bataillon "Brandenburg"* e quindi *Regiment "Brandenburg"*, elementi del reparto combatterono poi in Francia, nei Balcani, in Russia, in Africa settentrionale e in Italia. Fu durante la Campagna di Francia che si formò la fama dei "Brandeburghesi", i quali alla fine della campagna poterono vantare tra le loro fila ben tre decorati della *Eisernes Kreuz* ogni quattro soldati, proporzione mai raggiunta da un altro reparto della *Heer*, mentre durante *Barbarossa* una delle operazioni più famose fu la conquista del ponte sulla Dvina a Daugvapils, respingendo tutti i contrattacchi sovietici e attendendo l'arrivo delle unità tedesche avanzanti.

Nell'autunno del 1942, le unità *"Brandenburg"* sono riunite in una Divisione. A causa della perdita d'influenza dell'*Abwehr*, questa Divisione passa progressivamente sotto il controllo dell'*OKW* come Divisione ordinaria. Agli inizi del 1943, solo il *Brandenburg-Regiment 5 "Kurfürst"* è utilizzato per delle operazioni speciali. Alla fine dell'anno, la Divisione è schierata nei Balcani, dopo aver operato nel settembre 1943 in Egeo contro reparti inglesi e italiani. Nel settembre 1944 la Divisione acquista lo status di *Panzergrenadier-Division* ed è schierata in Croazia alle dipendenze della *2. Panzer-Armee*, venendo riorganizzata e acquisendo elementi della *Sturmbrigade "Rhodos"* e dello *Sturmgeschütz-Abteilung "Grossdeutschland"*. Alla creazione del *Panzerkorps "Grossdeutschland"* nel dicembre 1944, diversi elementi della Divisione la lasceranno per diventare *Korpstruppen*: un Battaglione del *Jäger-Regiment 1 "Brandenburg"* e due Gruppi dell'*Artillerie-Regiment "Brandenburg"*. Nel gennaio 1945, la *Panzergrenadier-Division "Brandenburg"* è in Prussia Orientale, per opporsi all'offensiva sovietica sulla Vistola.

Il 13 gennaio 1945 l'Armata Rossa lanciò il suo assalto alla Germania, con il 1° Fronte Bielorusso del Maresciallo Zhukov che attaccò dalle teste di ponte di Magnuszew e Pulawy e il 1° Fronte Ucraino sotto il Maresciallo Konev dalla testa di ponte di Sandomierz-Baranow. L'attacco sovietico colpì l'ala sud della *9. Armee* e l'intero fronte della *4. Panzer-Armee* – che formavano l'*Heeresgruppe A* del *Generaloberst* Harpe – dopo un terribile fuoco di preparazione di 10.000 cannoni.

Il 14 gennaio Hitler ordinò che la *Panzergrenadier-Division "Brandenburg"* e la *1. Fallschirm-Panzer-Division "Hermann Göring"* fossero inviate al fronte. Le due Divisioni si diressero dalla Prussia Orientale all'area di Kutno-Litzmannstadt (l'attuale Lodz)-Petrikau, quasi parallele all'asse di avanzata delle avanguardie corazzate dell'Armata Rossa. I primi elementi arrivarono nella sera del 16 gennaio.

I primi vagoni trasportanti lo *Jäger-Regiment 2 "Brandenburg"* agli ordini dell'*Oberstleutnant* Oesterwitz arrivò nell'area a sud di Petrikau nella tarda serata del 16 gennaio, rilevando la difesa del settore di Longinowka.

Il II Battaglione del Reggimento fu scaricato a Petrikau, dove i corazzati nemici attaccarono la notte stessa, disperdendo il Battaglione che subì perdite rilevanti in uomini e mezzi.

Gli altri reparti si schierarono nell'area circostante il 17 gennaio, sotto un costante mitragliamento aereo sovietico; l'unità *Pioniere*, al comando dell'*Hauptmann* Müller, ad esempio, a nord di Petrikau. Lo stesso giorno la *Sturmgeschütz-Brigade "Grossdeutschland"* fu scaricata a Litzmannstadt. L'*Hauptmann* Metzger fece rapporto alla Divisione *"Brandenburg"*, riferendo che la Brigata era stata subordinata alle sue dipendenze, e si trovò subito in azione contro i carri armati sovietici avanzanti verso la città. Nonostante gli attacchi aerei russi, i 18 *StuG* del reparto riuscirono a fermare per il momento l'avanzata russa.

Lo *Jäger-Regiment 1 "Brandenburg"* nel frattempo era arrivato a Kutno, e il 18 gennaio, alle 8 di sera, i russi avanzarono verso Litzmannstadt. Due veterani della *"Brandenburg"*, l'*Obergefreiter* Tröger e l'*Oberjäger* Hahmann distrussero i primi carri armati nemici in combattimento ravvicinato. Quando il secondo attacco russo raggiunse la città, il *Gefreiter* Kofler distrusse un carro armato con il *Panzerfaust*, e altri due con delle cariche concentriche; l'attacco, che durò tutta la notte, fu contenuto a prezzo di gravi perdite.

Lo stesso giorno il Generale von Saucken arrivò a Litzmannstadt, e le prime truppe del *Panzergruppe Nehring* arrivarono il 19; il Gruppe stava cercando di evitare l'accerchiamento russo formando una "sacca vagante". Anche Litzmannstadt fu accerchiata, e la *"Brandenburg"* e la *"Hermann Göring"* si prepararono a sfondare verso ovest.

Sotto la pressione continua dell'Armata Rossa la *Panzergrenadier-Division "Brandenburg"* lasciò le sue posizioni sfondando verso ovest in direzione di Grabica. La ritirata continuò oltre Lask verso sud di Shieratz. Il 22 gennaio 1945, l'*Hauptmann* Müller Rocholz e i suoi *Pioniere* raggiunsero Marcenin, dove arrivarono i primi soldati del *Panzergruppe Nehring*.

Dopo altri duri combattimenti per i ponti sul fiume Warthe il 20 gennaio, la ritirata portò la *"Brandenburg"* tra Oppeln e Ohlau sull'Oder. I due gruppi comandati da von Saucken e Nehring, che avevano stabilito il contatto con la *"Brandenburg"* vicino a Shieratz, si aprirono la strada combattendo verso Kalisch-Ostrowo, con il supporto della *Sturmgeschütz-Brigade "Grossdeutschland"*, e respingendo i continui attacchi russi su ambo i fianchi. Ostrowo era già in mano nemica, e le unità tedesche avanzarono verso Korotschin, raggiungendola il 24 gennaio e combattendo quindi verso Steinau e Rützen, che fu ripresa ai russi. L'attacco proseguì quindi verso Wiersewitz, e gli *StuG* del *II. Abteilung* dell'*Oberleutnant* Ahlfeldt distrussero sette carri armati nemici e un semovente, venendo poi bloccati da un contrattacco sovietico.

Il 1° febbraio 1945, i sovietici attaccarono poi nell'area di Rautden-Pilgramsdorf, sfondando nonostante la resistenza dell'*Aufklärungs-Abteilung*, degli *StuG* e degli *Jäger* della *"Brandenburg"*; durante queste azioni, il *Generalmajor* Schulte-Heuthaus era in prima linea tra la sua fanteria. Il resto della Divisione resisteva nel villaggio di Polach, che cambiò mano più volte: minacciata di accerchiamento, la

"Brandenburg" ripiegò verso ovest, e si ritrovò però accerchiata a sud di Herrwegen: il Generale von Saucken riuscì a sfondare le linee russe e arrivare nella sacca, organizzando lo sfondamento dei reparti lì isolati, ponendo in testa a essi i *Panther* della Divisione *"Brandenburg"* e della *"Hermann Göring"*. Il 12 febbraio le unità tedesche erano riusciti a sfondare l'accerchiamento, seppur a costo di gravi perdite.
La *Panzergrenadier-Division "Brandenburg"* stabilì un nuovo fronte difensivo sul Lausitzer Neisse tra Weisswasser e Görlitz. Da Forst a Muskau a Priebus all'area di Sänitz la Divisione passò sulla difensiva su di un fronte di 32 chilometri lungo il Neisse, impegnandosi nel consolidare le difese del settore e in pattugliamenti e raid notturni contro le linee russe oltre il fiume.
Questo breve periodo di guerra di posizione si interruppe con l'inizio dell'offensiva russa il 16 aprile 1945: nel pomeriggio i sovietici attaccarono guadando il Neisse in più punti e formando delle teste di ponte, e quindi scatenando l'attacco generale con un massiccio sbarramento d'artiglieria di tre ore: le posizioni degli *Jäger* furono investite e superate, e ben presto i primi reparti corazzati sovietici raggiunsero il castello di Wehrkirch, difeso dai *Pioniere* dell'*Hauptmann* Müller Rocholz e dai pezzi *Flak* del *Major* Voshage, nonostante i contrattacchi del *Panzer-Gruppe* divisionale, mentre le altre unità della *"Brandenburg"* ricevettero l'ordine di ripiegare su Kaltwasser. Tra il 16 e il 17 i *Pioniere* e la *Flak*, assieme gli *StuG*, i *Panther* e i cannoni controcarro della *"Brandenburg"* distrussero 40 dei 100 e più *T-34/85, JS-2* e *SU* attaccanti, ma ormai le unità tedesche erano al loro limite di resistenza e quasi completamente accerchiate. Con la copertura delle armi pesanti rimenenti, la *"Brandenburg"* ripiegò su una nuova linea tra Nieski, Ullersdorf, Neuhoff e Rietschen, che fu subito attaccata dai sovietici: queste località furono tenute dai reparti *Jäger*, coprendo l'ennesimo ripiegamento della *"Brandenburg"* verso ovest.
Il 19 aprile 1945, la *20. Panzer-Division* si diresse verso il retro della *"Brandenburg"*, e i resti del *Jäger-Regiment 2* presero contatto con il *Panzer Gruppe von Wietersheim*, mentre il *Jäger-Regiment 1*, a nord con la *615. Division*, si ritirò da Daubitz e Rietschen, occupando una nuova linea difensiva presso Spreefurth. Il *Panzer Gruppe von Wietersheim* e elementi del *Jäger-Regiment 2* attaccarono quindi Ullersdorf e Jänkendorf, riconquistandoli nonostante la dura resistenza di unità polacche. Il 20 aprile, un contrattacco della *20. Panzer-Division* e dei pochi *Panther* della *"Brandenburg"* nell'area di Weissenberg sul fianco delle unità sovietiche irrompenti verso ovest fu coronato da successo: più di 50 carri armati furono distrutti e diverso materiale catturato, tra il quale del prezioso carburante e molti automezzi *Lend-Lease*, che furono subito impiegati dalle truppe tedesche.
Le ultime battaglie della *"Brandenburg"*, al fianco della *20.* e *21. Panzer-Division* si svolsero tra Bautzen e Dresda il 26 aprile 1945, infliggendo una battuta d'arresto alle unità corazzate sovietiche che puntavano verso Dresda. Di seguito, una ricostruzione di questi scontri, gli ultimi contrattacchi tedeschi sul Fronte Orientale:

In Slesia centrale, sul fronte del Neisse si era creata una situazione di relativa calma. Glogau, palesemente più debole di Breslavia, era stata approntata come *Festung*, e alla fine di marzo gli scontri ebbero inizio. Le forze di presidio subirono pesanti perdite. Tuttavia, ad aprile fu possibile liberare Niesky, Weißenberg e Bautzen, in modo da proteggere il fianco nord della Slesia. Il 16 aprile, i sovietici iniziarono con due fasi: fuoco preparatorio della loro artiglieria e successivo attacco. Attaccarono in due punti principali lungo il Neisse, su ambo i lati di Rothenburg e a sud di Muskau, fino a Forst. Il 17 aprile riuscirono a sfondare in entrambi i settori di attacco. Nel settore settentrionale, tra Muskau e Forst, lo sfondamento non potè essere arginato, cosìcche i sovietici furono in grado di avere la via libera per proseguire lungo Spremberg-Cottbus contro il fronte sud di Berlino. Il tentativo di sfondamento sovietico a sud, nel settore della *20. Panzer-Division* e della *Fallschir-Panzergrenadier-Division "Hermann Göring"*, non ebbe un successo così immediato.

La Divisione "Hermann Göring" distrusse in un giorno 65 carri armati nemici, e proseguì, in azione difensiva, tra Zodel (sulla Neisse) e Ullersdorf, mentre la *20. Panzer-Division* proseguì i propri contrattacchi fino al 19 aprile.

Sul fianco sud, dove si erano formate diverse falle nel fronte tedesco, i Sovietici sfondarono ulteriormente verso ovest, riprendendosi Niesky, Weißenberg e Bautzen. I sovietici misero in campo in queste azioni altre numerose unità corazzate: si trattava di mezzi del 1° Corpo corazzato polacco, che si stavano dirigendo verso Kodersdorf. I *Panzer* tedeschi qui in agguato aspettarono che i primi carri armati nemici furono a cinquanta metri di distanza, quindi aprirono il fuoco. Dopo venti minuti, 43 carri armati nemici erano stati distrutti. Il resto si arrese. Dodici carri armati senza danni caddero nelle mani dei tedeschi, tra cui tre di tipo *Stalin*, che qualche ora dopo avrebbero prestato servizio, con croci balcaniche, nelle fila tedesche.

Nella zona a Nordovest di Görlitz, arrivarono gli elementi, nuovamente riorganizzati, della *17. Panzer-Division*, che il 20 aprile sferrarono un attacco sulla destra della *20. Panzer-Division*, in direzione nordovest, tenendo come riserva la *42. Infanterie-Division*. L'offensiva ebbe come risultato la liberazione degli abitanti e dei reparti militari accerchiati a Nesky. L'avanzata ebbe come come effetto di riacquisire, nella zona di Görlitz, piena libertà operativa, e di mantenere indisturbata la ferrovia Görlitz-Lauban. La Divisione *"Brandenburg"* ebbe il compito di liberare Weißenberg non appena la Divisione, separata in due tronconi dopo la difesa di Rothenburg, si fosse nuovamente riunita. La Divisione liberò Weißenberg attaccando da nord e sud il 21 ed il 22 aprile, annientandone una Divisione sovietica. Nelle mani dei tedeschi cadde un considerevole bottino: da 200 a 300 camion, artiglieria di vario tipo e una notevole quantità di prigionieri. La *20. Panzer-Division* ottenne in seguito la liberazione della città di Bautzen, con la collaborazione della Divisione "Hermann Göring", che attaccava da sud. Questi combattimenti nel loro insieme causarono notevoli perdite ai sovietici, come la distruzione di 355 carri armati nemici, 322 pezzi di artiglieria di ogni tipo – andati distrutti o caduti in mano tedesca – circa 7.000 morti contati e 800 prigionieri. Ciò riguardò in particolare la 94ª Divisione fucilieri sovietica, il 7° Corpo corazzato della Guardia, il 1° Corpo corazzato polacco, la 16ª Brigata corazzate e le 5ª, 7ª, 8ª (polacca) e 254ª Divisione fucilieri.

Non fu possibile impedire l'avanzata dei sovietici da sud contro Berlino. I sovietici guadagnarono così spazio non solo per procedere verso Berlino, ma anche in direzione ovest, verso Dresda. Questi scontri portarono quanto meno a ritardare l'avanzata russa, e ciò rese possibile l'evacuazione di grandi quantità di sfollati[1].

La *"Brandenburg"* fu quindi finalmente rilevata, marciando verso l'area di Ottendorf, e il 1° maggio la Divisione lasciò il *Panzerkorps "Grossdeutschland"* diri-

---

[1] Rolf Hinze, *Letztes Aufgebot – Zur Verteidigung des Reichsgebiets. Kämpfe der Heeresgruppe Nordukraine/A/Mitte*, Meerbusch 1995, pagg. 175-176.

gendosi verso le montagne dell'Erz e la Cecoslovacchia. L'8 maggio 1945 la Divisione ricevette la notizia della capitolazione della Germania: l'unità fu sciolta i suoi superstiti cercarono quindi di raggiungere le linee americane per sfuggire alla cattura da parte dei sovietici, cosa che riuscì solo a una parte dei "Brandenburghesi"[2].

Nella pagina successiva, l'organigramma della *Panzergrenadier-Division "Brandenburg"* nel gennaio 1945; il *Panzer-Gruppe von Wietersheim* era formato su quattro Compagnie più una Compagnia Comando: lo *Stab* su *Panzerkampfwagen IV*, la *1. Kompanie* su *Panzerkampfwagen IV*, la *2.* su *Panzerkampfwagen III* e *IV*, la *3.* su *Schützenpanzerwagen* e la *4.*, la meglio equipaggiata, su *Panzerkampfwagen V Panther*.
Notare come nel suo diario Bodenmüller faccia riferimento ad un *I.* e *II. Abteilung* del *Panzer-Gruppe*; evidentemente il *I. Abteilung* era in realtà il *Panzer-Gruppe von Wietersheim* stesso, e veniva quindi considerato come *"II. Abteilung"* la *Sturmgeschütz-Brigade "Grossdeutschland"* alle dipendenze della *Panzergrenadier-Division "Brandenburg"*.

---

[2] Da G. Bernage – F. de Lannoy, *Les divisions de l'Armée de terre allemande, Heer 1939-1945*, Bayeux 1997 ; Franz Kurowski, *The Brandenburgers*, Winnipeg, 1997 ; George F. Nafziger, *The German Order of Battle – Panzer and Artillery in World War II*, Londra 1999; Helmuth Spaeter, *The History of Panzerkorps Grossdeutschland*, Winnipeg 1992.

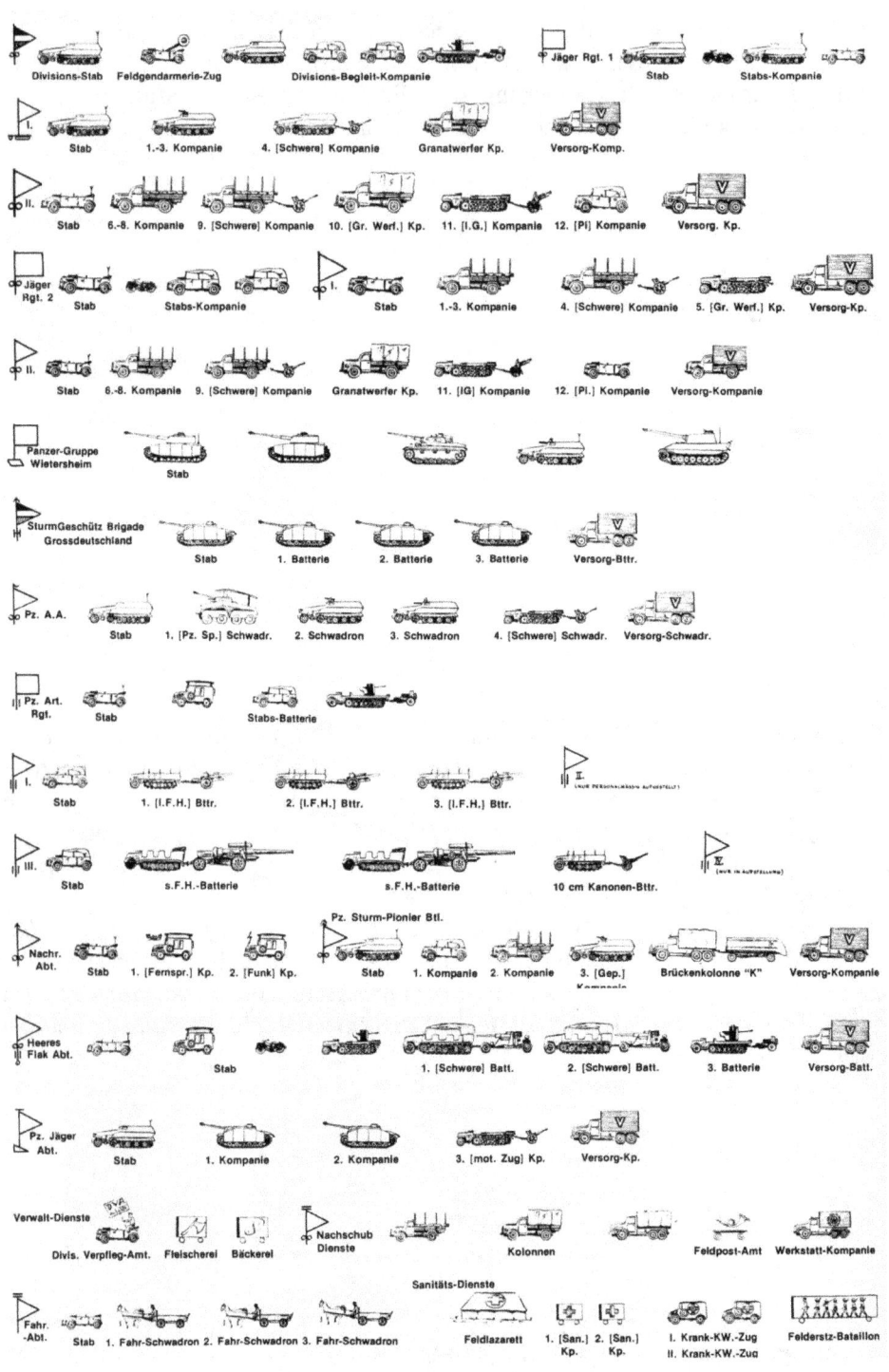

Cronologia delle operazioni delle unità del Panzerkorps "Grossdeutschland" sul Fronte Orientale nel gennaio-maggio 1945

Gennaio

1-11 – La Divisione *"Grossdeutschland"* (di seguito GD) e il Comando del *Korps* GD, coinvolti nella formazione del *Panzerkorps* GD, sono trasferiti nell'area di Willenburg (a sud del confine della Prussia Orientale) come Riserva alle dipendenze dell'*OKH*.

12 – Le unità GD sono inviate verso sud per tenere aperta la testa di ponte del fiume Orzyc.

13 – Alla *Panzer-Grenadier-Division "Brandenburg"* (di seguito BR) viene ordinato di trasferirsi a Litzmannstadt

14 – Il Comando del *Korps* segue la BR e prende il controllo della BR e della *Fallschirm-Panzer-Division "Hermann Göring"* a Litzmannstadt.

15-30 – Le battaglie difensive della GD nella Polonia settentrionale conducono a una ritirata in Prussia orientale e quindi nell'area a sud di Königsberg. La GD è posta sotto il controllo del *Fallschirm-Panzerkorps "Hermann Göring"*, con la *Fallschirm-Panzer-Grenadier-Division "Hermann Göring 2"*.

17-20 – La BR si ritira combattendo dall'area di Litzmannstadt-Petrikau sino al fiume Neisse a nord di Görlitz.

20 – Viene formata dalla *Ersatz-Brigade* GD a Cottbus l'unita cacciacarri *Heeres-Panzer-Jagd-Verband* GD, l'unità entra in azione sull'Oder a Steinau.

26 – La *Panzer-Grenadier-Division "Kurmark"* (di seguito KMK) viene formata da vari *Kampfgruppe* e unità ad hoc dalla *Ersatz-Brigade* GD.

31 – La GD è impegnata in duri scontri difensivi in Prussia Orientale.

Febbraio

5 – Il *Wach-Regiment* GD mette in campo un reparto di formazione (*Feld-Wach-Regiment* GD) che combatterà a nord di Küstrin.

6-10 – La *Führer-Grenadier-Division* (FGD) e la *Führer-Begleit-Division* (FBD) sono trasferite in Pomerania, rispettivamente a Stargard e Freienwalde.

12-20 – Entrambe le Divisioni attaccano da Stargard verso sud. Poiché le due unità sono solo nominalmente Divisioni, e in realtà a livello di Brigata, non conquistano molto terreno, ma le loro operazioni stabilizzano il fronte nell'area.

12 febbraio - 10 marzo – L'*Ersatz-Brigade* GD forma a Cottbus un'unità di formazione, la *Alarm-Brigade* GD, che entra in combattimento a Forst/Lausitz sull'Oder, e i suoi elementi sono poi confluiscono nella BR il 10 marzo 1945.

16 febbraio - 15 marzo – I reparti *Ersatz* GD a Guben vicino Görlitz sono impiegati in diverse battaglie nell'area.

21 febbraio - 15 aprile – La BR è impegnata nelle battaglie difensive tra Muskau e Steinbach sul Neisse.

25 – Le *Ersatz-Verbände* GD non coinvolte nei combattimenti sono trasferite nello Schleswig-Holstein (dove sono riformate) e in Danimarca.

MARZO

10 – La FGD e FBD sono rilevate e inviate a Angermünde e Langenöls.
15 – La FGD entra nuovamente in azione presso Stettino, sull'Oder.
17 – La FGD è trasferita nell'area a ovest di Kustrin in modo da soccorrere la città accerchiata. La FGD attacca ma non riesce a far breccia nelle linee nemiche.
24 marzo - 4 aprile – La FBD combatte a Troppau e Ratibor in Slesia superiore.
28 – La KMK è rilevata dal fronte a Francoforte sull'Oder e trasferita nel retrofronte per essere riorganizzata.
29 marzo - 12 aprile – Gli ultimi superstiti della Divisione GD, appena 4.000 uomini, lasciano la città di Balga sul Fritsches Haaf sul Baltico. L'unità è trasferita via traghetto sbarcando a Pillau e entra in combattimento nel Samland.

APRILE

1 – La FGD è trasferita a Vienna.
5 – Anche la FBD è inviata a Vienna.
12-28 – La KMK è impegnata in durissimi combattimenti difensivi tra l'Oder e Halbe.
13-25 – Gli ultimi resti della GD sono per la maggior parte distrutti o dispersi nelle disperate battaglie di ripiegamento a Pillau.
16-22 – La FBD è distrutta nelle battaglie per Spremberg. I pochi superstiti riusciranno a raggiungere il *Panzerkorps* GD.
16-30 – Duri combattimenti difensivi e ritirata della BR e del *Panzerkorps* GD tra il fiume Neisse e Dresda.
19 aprile - 4 maggio – Il *Wach-Regiment* GD è distrutto nella battaglia di Berlino.
26 aprile - 4 maggio – Gli ultimi sopravissuti della GD attraversano la penisola di Hela e da qui raggiungono lo Schleswig-Holstein.

MAGGIO

1 – La BR è trasferita a Olmütz.
3-9 – La BR si apre la strada combattendo da Olmütz a Deutsch Brod, dove la Divisione è sciolta. Individualmente, i soldati dell'unità cercano di ritornare alle proprie case, e saranno catturati dalle forze americane o sovietiche.
13 – La maggior parte dei soldati della FGD, arresasi alle forze americane, sono da queste consegnati ai sovietici.

IL DIARIO DI GUERRA DI EDUARD BODENMÜLLER, CAPOCARRO DI PANTHER NELLA 4. KOMPANIE, PANZER-GRUPPE VON WIETERSHEIM, PANZER-GRENADIER-DIVISION "BRANDENBURG", GENNAIO-MAGGIO 1945

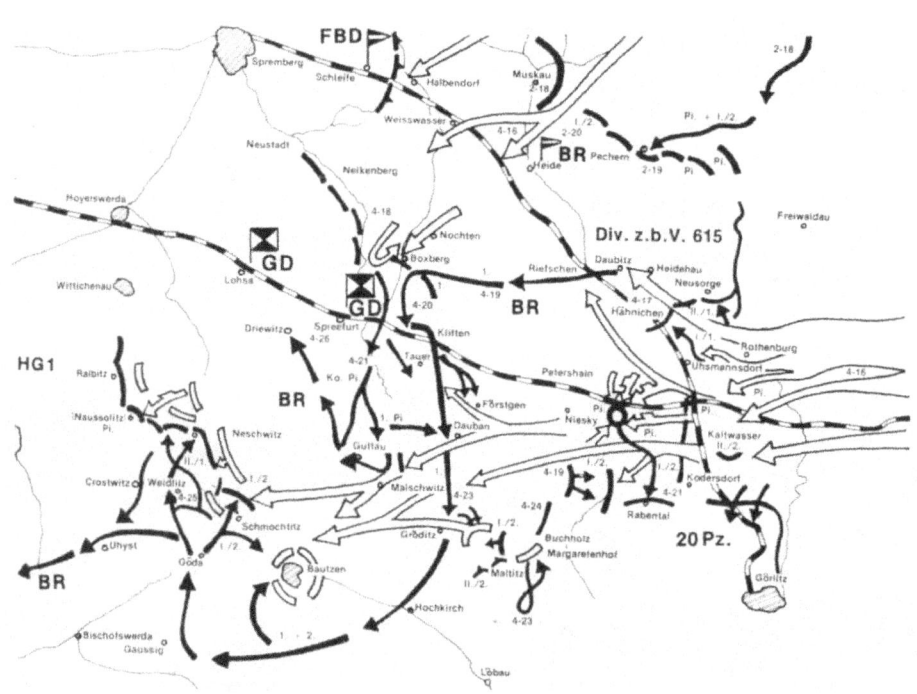

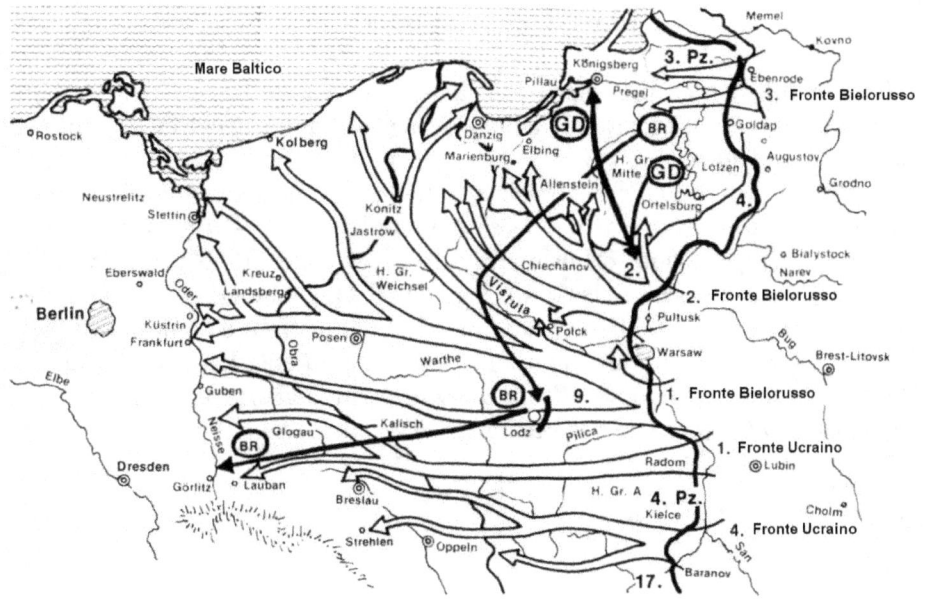

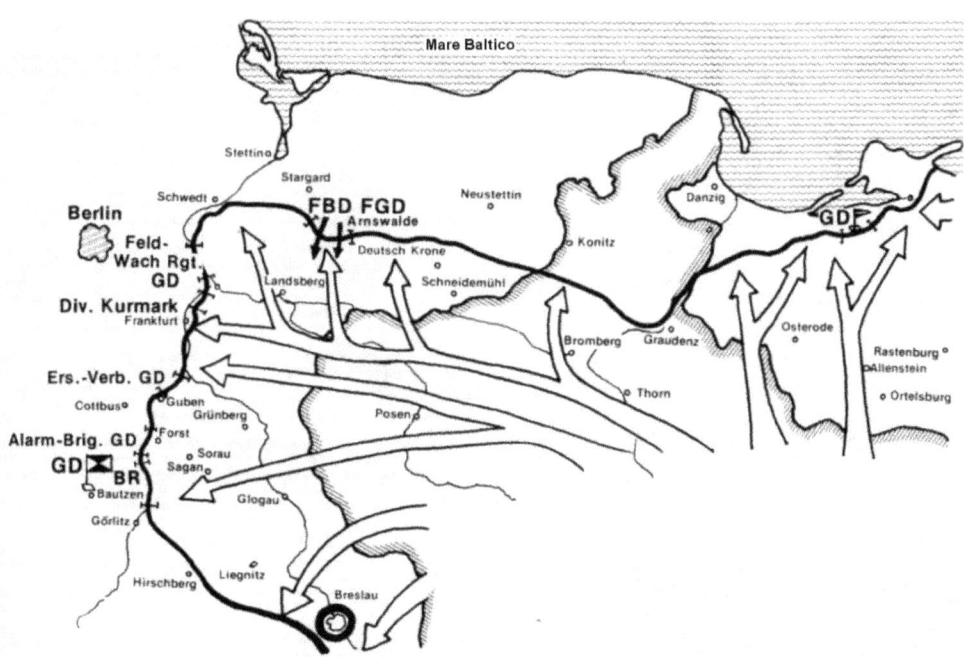

L'AUTORE DEL DIARIO

Eduard Bodenmüller nasce il 23 aprile 1922 a Stoccarda nel Baden-Württemberg. Arruolato nella *Heer* e assegnato alle unità *Panzer*, nell'aprile 1944 fu insignito del *Panzerkampfabzeichen in Silber* e nel maggio 1944 della *Eisernes Kreuz* di seconda classe. Ormai *Unteroffizier* e carrista veterano, fu assegnato nel 1945 alla *4. Kompanie* del *Panzer-Gruppe von Wietersheim* della *Panzer-Grenadier-Division "Brandenburg"*. Per le azioni da lui narrate in questo suo diario fu poi decorato della *Eisernes Kreuz* di prima classe il 19 marzo 1945, e del *Panzerkampfabzeichen mit Einsatzzahl "25"* il 20 febbraio, quest'ultimo distintivo conferito per aver partecipato a 25 azioni di combattimento tra corazzati, durante le quali era stato tra l'altro ferito più volte. Promosso *Offizierantwärter*, fu anche raccomandato per la *Deutsches Kreuz in Gold*, ma la decorazione non è concessa.

1-5 FEBBRAIO 1945

La nostra unità è schierata nei pressi di Litzmannstadt. Abbiamo attaccato intorno alle 2.00 di notte, e raggiunto l'obiettivo del nostro assalto per le ore 5.00, cogliendo numerosi successi. La sera del 5 febbraio mi fu ordinato di svolgere il servizio di sentinella. Feci rapporto al nostro Ufficiale armiere: durante l'ultimo giorno di battaglia, il nostro *Panzer* aveva consumato sei *Sprenggranate* e 200 colpi di mitragliatrice[3]. Il servizio di guardia durò solo poche ore, e mi sforzai per rimanere sveglio.

6 FEBBRAIO 1945

Abbiamo passato l'intera giornata presidiando e difendendo le nostre posizioni. Per tutto questo periodo siamo stati sotto il fuoco continuo di controcarro, mortai e artiglieria. Noi veterani ci siamo ormai abituati, ma gli ultimi arrivati nell'unità sono pietrificati. Dobbiamo cercare di calmarli e rassicurarli, nonostante la nostra stessa agitazione.
Ivan attaccò numerose volte, ma riuscimmo sempre a respingerlo. Sfortunatamente, l'*Unteroffizier* Müller e il *Gefreiter* Dosse furono entrambi uccisi da un colpo in pieno di una granata di mortaio piombata dentro la torretta del loro mezzo. Un colpo fortunato per Ivan, ma sfortunato per Müller e Dosse! Il *Panzer* poteva ancora essere impiegato, a parte qualche riparazione da fare, ma dentro la torretta c'era sangue e carne dappertutto! Il resto dell'equipaggio di Müller non poteva proprio farcela a pulire e si rifiutò di farlo, così il *Leutnant* lo ordinò a noi.

7 FEBBRAIO 1945

Oggi mi è toccato di nuovo un servizio di guardia, sino alle 15.00. Per tutto il tempo siamo stati bersagliati dal tiro nemico; in pratica siamo stati sempre con la testa giù! A causa dell'intenso fuoco d'artiglieria, le case intorno a noi sono state spianate, e le macerie hanno preso fuoco. Durante la mattinata i russi hanno eseguito un altro contrattacco, ma sono stati ricacciati indietro con gravi perdite alla loro fanteria. Alle 15.30 Ivan riuscì in uno sfondamento delle nostre linee della nostra Compagnia "sorella" sulla nostra sinistra. Il *Leutnant* mandò al contrattacco il nostro Plotone con della fanteria d'accompagnamento: dopo un combattimento di 1 ½ - 2 ore, siamo riusciti a ristabilire il contatto con i nostri vicini e riprendere il villaggio di Wuhden. Solo il nostro *Panzer* e undici fanti sopravvissero; avevamo perso due *Panzer* e ventidue soldati. Abbiamo distrutto cinque cannoni controcarro, molte mitragliatrici pesanti e alcuni fucilonì controcarro. I russi hanno perso solo qualche fante. Certamente siamo stati noi ad uscirne peggio, anche se siamo riusciti a tamponare la falla nella linea.

---

[3] Il *Panther* era dotato di due mitragliatrici *MG 34* (coassiale e in scafo) e in molti esemplari di una *MG* per difesa antiaerea montata sulla cupola del capocarro, con una dotazione teorica di 4.200 colpi (*Panther Ausf. G*).

Il nostro *Panzer* si è preso molti colpi, ma per fortuna è ancora operativo. Una delle leve di sterzo e la mitragliatrice di scafo sono state distrutte dall'impatto dei molti proiettili controcarro da 7.62 cm che hanno colpito il nostro carro. Oggi abbiamo sparato un totale di 30 *Sprenggranate*, 15 *Panzergranate*[4], e 3.700 proiettili di mitragliatrice. Di questo passo, finiremo ben presto le munizioni.

8 FEBBRAIO 1945

Passiamo di nuovo la mattinata a difendere il nostro settore. Alle 15.30 abbiamo ricevuto l'ordine d'attacco. Impieghiamo quattro *Panzer* per l'azione, e riusciamo a distruggere in breve tempo tre pezzi controcarro. Questi controcarro erano gli stessi che ieri erano riusciti a piazzare dei colpi diretti contro il nostro carro. L'essere riusciti a scovarli e uccidere i loro serventi fu per noi una grande soddisfazione.
Dopo circa un'ora, ritornammo nelle nostre posizioni. Avevamo poco supporto di fanteria, e l'abilità di Ivan di avvicinarsi di nascosto ai carri armati è ben nota. Il resto del giorno fu relativamente tranquillo, avendo distrutto i cannoni che ci avevano reso la vita così dura.

9 FEBBRAIO 1945

La nostra colazione fu interrotta da uno sbarramento d'artiglieria. Vomitai ciò che stavo mangiando quando un proiettile scoppiò vicino spingendomi fuori l'aria dai polmoni. Presidiammo e difendemmo il nostro settore del fronte sino alle 14.30 circa, e a quell'ora l'intera Compagnia attaccò Ivan. Avanzammo lenti, cautamente, cercando di scoprire i controcarro che il nostro nemico sembrava avere in gran numero. Prima che il giorno finisse avevamo distrutto molti altri cannoni.
Passammo la notte presidiando il nostro settore, e alle 4.00 fummo finalmente riforniti. La prima volta da giorni che ci diedero delle razioni calde! Avevamo impiegato durante la giornata sei *Sprenggranate* e 1.500 proiettili di mitragliatrice. Il nostro *Leutnant* si congratulò con noi per la disciplina di fuoco dimostrata. Tra le nostre perdite di oggi l'*Oberfeldwebel* Lüdeke, ucciso da un perforante controcarro.

10 FEBBRAIO 1945

In preallarme dalle 6.00, in attesa dell'ordine di attacco. Alle 9.00 attacchiamo. Di nuovo avanzammo lentamente, con ogni *Panzer* che temeva di essere preso di mira da un controcarro russo. Il nemico aveva scaglionato astutamente i suoi controcarro uno dopo l'altro. Stavolta, però, Ivan subì delle pesanti perdite in fanteria, e riu-

---

[4] Il *7.5 cm KwK 42 L/70* sparava sia le normali granate perforanti *Panzergranate 39/42* (APCBC), peso 6.80 Kg, Vo 925 m/s, penetrazione di 124 mm a 500 metri e 111 mm a 1.000 metri (piastra di corazzatura di acciaio omogeneo a 30° dalla verticale), sia le *Panzergranate 40/42* con nucleo in tungsteno (APCR), peso 4.75, Vo 1.120 m/s, penetrazione di 174 mm a 500 metri e 149 mm a 1.000 metri (piastra di corazzatura di acciaio omogeneo a 30° dalla verticale), impiegate contro i mezzi avversari maggiormente protetti.

scimmo a distruggere un buon numero di mitragliatrici, fuciloni e cannoni controcarro. Un'ora dopo il nostro assalto iniziale, Ivan contrattaccò: poiché avevamo finito le munizioni, non avemmo altra scelta che di ripiegare, e fummo costretti a ritornare nelle nostre linee.
Grazie a Dio, arrivò il camion dei rifornimenti e ricevemmo qualche granata e 1.100 colpi di mitragliatrice. Passammo il resto della giornata aspettandoci un altro contrattacco russo, ma apparentemente i russi non vollero perdere altri uomini.
Questo, probabilmente, ci salvò: se ci avessero attaccato immediatamente dopo il nostro ripiegamento nelle posizioni di partenza ci avrebbero ucciso tutti. Avevamo usato venti *Sprenggranate*, otto *Panzergranate* e 3.500 colpi di mitragliatrice. Questo sembrò totalmente inaccettabile al *Leutnant* Meyer, ma non avevamo veramente avuto altra scelta. Queste munizioni ci sarebbero normalmente bastate per tre o quattro giorni di combattimenti difensivi, ma quando si è in attacco si spara a tutto quello che si muove, sprecando molti più proiettili.

11 FEBBRAIO 1945

Presidiammo le nostre posizioni per tutta la mattinata: la prima missione difensiva che eseguivamo smontati e fuori del nostro carro armato. Cogliemmo quest'opportunità per cuocerci un budino!
Poi alle 13.00 fu ordinato di attaccare il nemico. Di nuovo la nostra avanzata fu cauta. Inizialmente non ci fu resistenza, cosa che ci mise tutti molto in allarme. Ivan fece quindi cadere un intenso sbarramento d'artiglieria proprio davanti a noi. Eravamo caduti in una trappola. All'improvviso iniziammo a ricevere un orrendo fuoco di *PAK*[5] da tutte le parti.
Il carro armato del *Feldwebel* Schilling fu colpito e iniziò a bruciare e a far fumo. Il carro fu una perdita totale. Uno dell'equipaggio, l'*Obergefreiter* Waldow, fu colpito da delle schegge di granata e dal fuoco di fucileria. Fu evacuato all'ospedale da campo del Battaglione ma poi venni a conoscenza che perì per le ferite riportate.
Anche il mio amico Weir ricevette diversi colpi. Il morale dell'equipaggio del nostro *Panzer* sembrava essere sul punto di crollare, ma il nostro operatore radio accese la radio e trovò una canzone patriottica. Iniziammo a cantare tutti assieme: le perdite subite nella nostra Compagnia non erano state sufficienti a scuotere la fiducia di dei "vecchi marinai" come noialtri.
Le condizioni del nostro *Panzer* avevano ormai raggiunto il punto dove si aveva la necessità di fare delle riparazioni serie. Molti pezzi d'equipaggiamento dentro il carro armato erano ora allentati, e dovevamo tornare indietro nelle nostre linee o rischiare una rottura.
Portammo indietro il carro armato sino al punto di partenza e ci proponemmo volontari per il turno di guardia, mentre i meccanici si prendevano cura del nostro carro armato.

---

[5] *Panzer Abwehr Kanone*, cannone controcarro.

Dopo la giornata di battaglia, prendemmo nota del nostro consumo di munizioni: trentadue *Srenggranate*, quindici *Panzergranate*, e 3.700 colpi di mitragliatrice. Passammo tutto il 12 febbraio di guardia. Ivan non ci attaccò, con nostro gran sollievo.

13 FEBBRAIO 1945

Oggi abbiamo lanciato un attacco contro il nemico alle 11.30 di mattina. Durante l'attacco, una nevicata ridusse fortemente la visibilità. Nel bel mezzo della battaglia, fummo messi fuori combattimento da danni al cambio del *Panzer*. Potevamo guidarlo solo in retromarcia! Dopo che si fece buio riuscimmo a guidare il carro armato in retromarcia sino alle nostre linee.
Il *J-Gruppe*[6] si fece una bella risata alle nostre spalle, vedendoci arrivare in retromarcia! I meccanici ripararono rapidamente il problema. Appresi poi che durante questa giornata di combattimenti era stato presente il nostro comandante di Compagnia. Passammo il resto della notte presidiando le nostre linee. Oggi avevamo impiegato sei *Srenggranate* e 450 colpi di mitragliatrice.

14 FEBBRAIO 1945

Eravamo di presidio al nostro settore quando alle 12.00 di pomeriggio ci comunicarono che dei carri nemici stavano attaccando. Individuato un carro nemico alla distanza di 2.000 metri, aprimmo immediatamente il fuoco. Tutti i nostri proiettili gli rimbalzarono contro! Il *Leutnant* Machelet si avvicinò ad una distanza di 1.200 metri e colpì il carro armato nemico incendiandolo.
Alle 14.30 lanciammo un attacco con cinque *Panzer* avanzando sino a 700 metri dal fiume Oder. Uno dei nostri carri sprofondò inavvertitamente in un banco di sabbia vicino alla riva ovest. Non potemmo recuperarlo per timore di rimanere bloccati anche noi, e inoltre iniziammo a ricevere fuoco d'artiglieria e controcarro proveniente dall'altra parte del fiume. Ma prima di ritirarci, notammo due motovedette russe in mezzo all'Oder vicino alle nostre posizioni, e riuscimmo ad affondarne una con una *Panzergranate*.

15 FEBBRAIO 1945

Il 14 febbraio avevamo usato quindici *Srenggranate*, dieci *Panzergranate* e circa 3.000 colpi di mitragliatrice. Oggi abbiamo presidiato per tutto il giorno il nostro settore. Ogni tanto, tiravamo qualche colpo nei boschi davanti a noi. Alla nostra destra, i nostri *Landser* lanciarono un attacco, ma non riuscirono ad avanzare di molto. Improvvisamente, iniziammo a ricevere un pesante fuoco di *PAK*, mortai e artiglieria: il *Panzer* del *Leutnant* Machelet fu colpito da un proiettile di *PAK*, che però non ne perforò la corazzatura.

---

[6] Sezione mantenimento.

I russi ripresero il villaggio di Wuhden nelle prime ore del mattino. Ci fu ordinato di contrattaccare. Dopo una dura battaglia, riuscimmo a riprendere il villaggio, e passammo la notte di guardia. Durante questo compito di sicurezza abbiamo sparato 2.000 colpi di mitragliatrice.

16-17 FEBBRAIO 1945

Abbiamo passato questi giorni sempre in servizio di guardia, e durante questo periodo rimorchiammo alcuni mezzi. Mentre ne trainavamo uno, ci si ruppe un cingolo. Lo riparammo provvisoriamente e guidammo sino al nostro Comando, dove l'*Unteroffizier* Jablonowski ci aiutò a cambiare il cingolo.
La sera lo *Spiess*[7] ci portò vino, tabacco, sigarette e delle salsicce fin sino al fronte. Riscaldammo un po' di vin brulè, mangiammo le salsicce e quindi fumammo. Guidammo quindi sino al villaggio di Wuhden, che era ormai stato completamente raso al suolo dal costante martellamento.
Eravamo giusto arrivati a scorgere le rovine del villaggio quando fummo investiti da un pesante fuoco nemico. L'*Unteroffizier* Fabl e l'*Obergefreiter* Wunsche furono feriti. Il *Panzer* dell'*Unteroffizier* Neuendorf ricevette un colpo in pieno nel motore, ma l'equipaggio rimase indenne.
Il 17 febbraio avevamo impiegato cinque *Panzergranate* e 1.800 colpi di mitragliatrice.

18 FEBBRAIO 1945

Passammo la giornata di presidio, effettuando tiro di disturbo nel settore nemico. L'artiglieria nemica localizzò la nostra posizione e martellò l'area, finendo di appiattire completamente le rovine del villaggio di Wuhden. Anche la sera prestammo servizio di guardia.
Oggi abbiamo impiegato tredici *Sprenggranate* e 500 colpi di mitragliatrice.

19 FEBBRAIO 1945

L'intera giornata è trascorsa con compiti di presidio e pattugliando. Quando cadde l'oscurità, ritornammo al villaggio di Polach. Alle 24.00 fu dato l'allarme: due Compagnie di fanteria russa ci attaccarono. Ruotammo le nostre torrette nella loro direzione e aprimmo il fuoco con le nostre mitragliatrici sino ad aver sparato circa 1.500 colpi. Non intendevamo sprecare dei colpi di cannone contro questo attacco, e riuscimmo a respingerli solo con il fuoco di mitragliatrice. L'attacco fu arrestato.

---

[7] Sergente Maggiore di Compagnia; soprannominato "Madre della Compagnia", era responsabile della distribuzione del rancio e della posta, dell'assegnazione degli alloggi, etc.

20 febbraio 1945

Abbiamo passato la giornata di pattuglia, sotto un ininterrotto fuoco d'artiglieria nemico. Alle 19.35 suona l'allarme: i russi attaccano. Grazie alla nostra tempestiva reazione furono costretti a ritirarsi con perdite, e fummo di nuovo messi di guardia. Oggi abbiamo impiegato sei *Panzergranate* e 1.000 colpi di mitragliatrice.

21 febbraio 1945

Abbiamo passato tutto il giorno di guardia e nella difesa del perimetro, e la notte in un villaggio che non è stato ancora distrutto, dormendo in dei veri letti! La mattina seguente nessuno di noi aveva voglia di uscire da sotto le coperte.

22 febbraio 1945

Passiamo di nuovo la giornata in difesa del perimetro. Iniziamo a ricevere un terribile fuoco d'artiglieria, penso di granate da 152 mm. Ogni volta che un colpo di quelli picchia vicino tutta la terra trema! Non potemmo che tornare al villaggio della scorsa notte e gustarci quei soffici letti.
Eravamo a letto quando esattamente alle 22.30 ci fu un altro sbarramento d'artiglieria e la stanza da letto dove stavamo fu colpita. Fortunatamente nessuno fu ferito, ma decidemmo che era più sicuro dormire all'interno del nostro carro armato per il resto della nottata.

23 febbraio 1945

Per tutto il giorno servizio di guardia. Riceviamo di nuovo fuoco d'artiglieria pesante (152 mm). Alle 19.30 ci è dato il cambio e guidiamo verso le retrovie per rifornirci. Troviamo alloggio in alcune abitazioni e siamo così fortunati da dormire nuovamente in dei veri letti. Penso che ormai ci stiamo abituando a questi letti morbidi!

24 febbraio 1945

Passammo il 24 febbraio come il 25. Dopo il servizio di guardia, trovammo alcune uova e ci arrangiammo una bella cena. Per fortuna i nostri alloggi erano gli stessi di ieri notte e dormimmo tutti profondamente.

25 febbraio 1945

Alle 4.00 fummo messi in allarme. Guidammo nell'alba grigia e oltrepassammo ciò che rimaneva di Wuhden. Iniziammo immediatamente a sparare contro bersagli singoli. Uccidemmo alcuni fanti russi e una sezione mortai, sparando sei *Spren-*

ggranate, una *Panzergranate* e 600 colpi di mitragliatrice. La notte dormimmo di nuovo in dei letti veri.

26 FEBBRAIO 1945

Abbiamo passato la giornata presidiando il settore, e la notte siamo riusciti di nuovo a passarla a letto. Oggi non abbiamo sparato neanche un colpo in azione!

27 FEBBRAIO 1945

La pace di ieri è stata più che compensata oggi. Abbiamo presidiato il nostro settore sino a mezzogiorno, ed esattamente alle 12.00 iniziò un bombardamento d'artiglieria che durò un'intera ora. Lo sbarramento fu pesante, includendo tutti i calibri, dal 76.2 mm al 152 mm. Il comandante di Compagnia ci richiamò al massimo stato di prontezza operativa, come se si aspettasse un attacco in massa.
Ci fu ordinato di avanzare sino alle rovine di Wuhden in missione di ricognizione, ma lì non trovammo attività nemica. Improvvisamente, vedemmo l'equipaggio del *Leutnant* Machalet saltar giù dal proprio mezzo. Sembrava avessero ricevuto un colpo in pieno di *PAK* dal fianco sinistro. Il *Leutnant* Machalet fu ucciso all'istante, mentre l'*Unteroffizier* Grupp, l'*Obergefreiter* Preuss, il *Gefreiter* Kreher e lo *Stabsgefreiter* Mengel rimasero tutti feriti. Mengel morì qualche ora dopo all'ospedale da campo del Battaglione. Al nostro ritorno riuscimmo a distruggere il *PAK* che aveva colpito il carro del *Leutnant* Machalet.
Nel frattempo, la nostra sezione era disposta lungo un ampio settore del fronte, e doveva prendere parte a un contrattacco. I russi ci stavano sparando con tutto quello che avevano. Il *Panzer* dello *Stabsfeldwebel* Schwarze fu colpito ma i membri dell'equipaggio sopravissuti riuscirono a recuperare il mezzo. Lo *Stabsfeldwebel* Schwarze, l'*Obergefreiter* Jeusch e il *Gefreiter* Worm furono tutti uccisi, e i due membri restanti erano rimasti feriti.
I russi continuarono a porre una fiera resistenza; il villaggio di Wuhden era ormai in mano sovietica. Durante questo combattimento, un *T-34* fu distrutto al limitare più distante del villaggio. Presidiammo quindi il settore sino di mattino, senza praticamente dormire.
Avevamo impiegato diciotto *Sprenggranate*, quattro *Panzergranate* e circa 3.500 colpi di mitragliatrice.

28 FEBBRAIO 1945

Ci fu comunicato che la Quota 76 era sotto il fuoco nemico; i russi la occuparono poco dopo. Difendemmo il nostro settore sino alle 14.00, e poi lanciammo un attacco preordinato sul fianco destro delle rovine di Wuhden. Fummo immediatamente inquadrati da un pesante bombardamento nemico. Nonostante il fuoco di sbarramento, raggiungemmo l'obiettivo del nostro attacco. Difendemmo la posizione sino a mezzanotte e quindi guidammo verso il retro per rifornirci; poco dopo la mezzanotte uno dei nostri uomini fu ferito leggermente. Avevamo impiegato nell'attacco di oggi diciotto *Sprenggranate*, dieci *Panzergranate* e 3.800 colpi di mitragliatrice.

Abbiamo passato quasi tutto il mese combattendo all'incirca nello stesso luogo, e questo per me significava che stavamo contenendo gli attacchi nemici. Il nostro morale era temperato però dal fatto che così tanti nostri camerati della *4. Kompanie* erano stati uccisi o feriti fermando il nemico. Il nostro comandante di Battaglione, l'*Hauptmann* Grafi Rothkirch, era conosciuto come un esperto comandante di *Panzer*, così confidavo che fossimo ben guidati.

1-6 MARZO 1945

Abbiamo eseguito delle pattuglie di sicurezza durante le quali ricevemmo regolarmente un pesante fuoco di artiglieria e mortai. La sera del 6 marzo fummo finalmente rilevati da della fanteria della nostra Divisione. Ora sarebbe giunto il momento più triste per me, perché stavo perdere i miei tre migliori amici: i membri del mio equipaggio!

La morte di tre Kameraden

Eravamo in servizio da nove giorni nella valle di Kartizg e avevamo l'incarico di sorvegliare le strade che portavano da Mazdo a Sachsendorf sino a una distanza di 2.5 chilometri, e di bloccare ogni attacco russo in quest'area. Avevamo costituito un caposaldo eccellente, che chiamammo "*Ritterkreuz*".
Di notte, alle 2.00 il nostro comandante ci visitò ci comandò di tenerci pronti per un attacco. Ci fu ordinato di muovere i nostri *Panzer* entro un'ora e di partire in direzione di Melur. Alle 3.00 dovevamo muoverci, con la nostra *Kompanie* in testa.

L'attacco è bloccato

Dopo tre chilometri perdemmo il cingolo sinistro, che fu riparato dal nostro equipaggio in venti minuti. Dopo un'ora riprendemmo contatto con il nostro reparto, e feci rapporto al comandante. Dopo dieci minuti raggiungemmo il bosco dove dovevamo prendere posizione e poi lanciare il nostro attacco.
In modo da proteggerci dagli osservatori dell'artiglieria e degli aerei i mezzi furono subito mimetizzati. Tutti i capocarro quindi si riunirono per una conferenza dove il piano di battaglia fu presentato e discusso.
Due carri armati sarebbero partiti immediatamente per fornire l'appoggio alla nostra fanteria e ai *Panzergrenadiere* schierati a circa due chilometri davanti a noi. Questi due *Panzer* dovevano contrastare ogni attacco sovietico di corazzati e di fanteria, e di richiedere via radio al comando di Compagnia dei corazzati di rinforzo.
Il *Panzer* del *Feldwebel* Hauser e il mio si diedero volontari per questa missione. Poiché eravamo gli equipaggi di maggiore esperienza e con più vittorie del reparto,

il comandante non fece obiezioni. Dovevamo fare rapporto al comandante e essere pronti a partire in dieci minuti.

Con grida di "In bocca al lupo!" e "*Panzer Heil!*", i nostri camerati degli altri equipaggi di *Panzer* dell'*Abteilung* ci salutarono e augurarono buona fortuna. Alle 13.00 in punto, entrambi i nostri carri partirono verso la posizione su di una collina che ci era stato ordinato di difendere, a circa due chilometri di distanza.

Avanzammo in fila, con il mio carro in testa e quello del *Feldwebel* Hauser che ci seguiva trenta metri indietro al mio, sulla nostra destra. Guidammo lentamente, osservando il terreno nemico. Davanti a noi sulla sinistra c'erano i nostri *Panzergrenadiere* con i loro mezzi in posizione. Dovevamo percorrere ancora 300 metri e attraversare una depressione prima di raggiungere la posizione noi assegnata.

Superammo la depressione e iniziamo a salire lentamente sulla collina. Potevo già osservare il terreno oltre la cresta grazie al mio binocolo a forbice. Ordinai al guidatore di fermarsi. Continuai ad osservare il terreno con il binocolo a forbice. Improvvisamente, 800 metri davanti e sulla destra, vidi un lampo, e subito dopo un'esplosione scosse il mio *Panzer*.

Ordinai al pilota di indietreggiare dietro la collina, e il carro iniziò ad andare indietro girando a sinistra, nonostante che urlassi ripetutamente al guidatore di girare a destra raddrizzando il mezzo. Dopo che eravamo rinculati fino alla depressione e avevamo una qualche copertura dall'osservazione nemica, ordinai al carro di fermarsi.

Eravamo con il fianco del mezzo verso il nemico. Misi fuori la testa dalla torretta per capire cosa avesse fatto andare il carro sulla sinistra. Uscii dal mezzo e scoprii che un colpo di *PAK* aveva colpito la ruota di trazione sinistra e spezzato il cingolo, che giaceva ora dove eravamo stati colpiti.

Dissi all'equipaggio di smontare, dopo aver chiamato il carro del *Feldwebel* Hauser, che era a 30-40 metri da noi indietro sulla destra, chiedendogli di coprirci. Il nostro operatore radio prese il cavo di traino da 15 metri, strisciò sino al cingolo, lo agganciò al cavo e con l'aiuto del motore lo tirammo sino al *Panzer*.

Cambiammo le sezioni di cingolo danneggiate con delle altre nuove che portavamo sopra il *Panzer*, e stavamo per tirare il cingolo sul treno di rotolamento quando all'improvviso i colpi di mortaio che stavano cadendo sporadicamente attorno a noi da tempo furono sommersi da un pesante sbarramento d'artiglieria che sembrava avere noi come bersaglio.

Non potevamo più rimanere fuori del carro, e fummo costretti ad interrompere il nostro lavoro di riparazione. Il nostro pilota, operatore radio e porgitore si buttarono sotto al *Panzer*, e io e il puntatore dentro la torretta. Il crescendo delle esplosioni crebbe ad un'intensità tale da rendere ovvio che fossimo sotto un diluvio di razzi di "Organi di Stalin".

Improvvisamente, un altro terribile impatto e il nostro *Panzer* da 49 tonnellate fu scosso violentemente. O avevamo ricevuto un colpo in pieno o una bomba era caduta a pochi metri da noi. Avevo chiuso il portello della torretta, ma non l'avevo serrato, e il portello posteriore del porgitore era aperto verso il nostro retro, con la torretta ruotata verso il nemico. Il fuoco nemico cessò e mi colpì il non sentire i nostri camerati sotto il *Panzer*. Di colpo, poi, una debole voce dal nostro lato implorò "Aiuto! Aiuto! Siamo feriti!". Afferrai il contenitore del kit di pronto soccorso e con un balzo fui dietro il carro, accanto al mio porgitore ferito.

Impugnai il mio coltello e tagliai la giacca della sua tenuta, ridotta a brandelli e insanguinata. Scioccato, vidi una ferita molto profonda e lunga quindici centimetri; con ogni respiro il sangue sgorgava dallo squarcio. Il mio puntatore arrivò con tutte le pezzuole che aveva potuto trovare nel *Panzer*; ne infilai diverse nella ferita per cercare di rallentare la perdita di sangue. Guardammo il nostro camerata e sapevamo che gli rimaneva poco da vivere: Paule gli stette accanto e lo calmò, ripetendogli che era stato colpito solo da una piccola scheggia. Iniziai a cercare gli altri. Due piedi spuntavano da sotto il *Panzer*. Li afferrai e tirai, ma con mio orrore da sotto il mezzo emerse solo la metà inferiore del corpo del mio marconista. Soffocai un conato di vomito, mi abbassai e afferrai una massa di carne sanguinolenta, tirando fuori di sotto lo scafo il suo corpo completamente mutilato. Non c'era niente che potessi fare!

Paule venne da me e mi disse che il porgitore era morto. Ci occupammo quindi del nostro pilota, il cui corpo giaceva sotto al carro armato. Insieme tirammo fuori il cadavere orrendamente massacrato, che era stato spaccato in due dalla testa al bacino. Paule tirò fuori tre teli tenda e li stese sopra i corpi.

Andai alla radio e dopo dieci minuti passati a cercare di ristabilire il contatto con la sezione recupero e la *Sanka*[8], riuscii ad avere una risposta. Il nostro comandante era in linea, e lo informai di ciò che era successo. La sezione medica fu inviata immediatamente, e mi fu ordinato di rimuovere la radio e far saltare il carro.

Mi misi immediatamente al lavoro, togliendo il set radio; chiamai il mio puntatore, il quale stava coprendo i cadaveri, e gli chiesi di aiutarmi a rimuovere la radio. Mi chiese cosa avesse ordinato l'*Hauptmann*, e dopo che gli ebbi risposto si rifiutò di obbedire: anche io non ero d'accordo con il comandante.

Ma gli ordini sono ordini; o si ubbidisce o c'è la Corte Marziale: ma fummo d'accordo nel non distruggere il nostro *Panzer*, poiché avevamo ancora molte munizioni. Comunque, collocammo con cura una carica esplosiva sul motore, quindi rimettemmo in sede la radio nel carro.

L'Ufficiale medico quindi arrivò, prendendo i corpi e lasciandoci un contenitore da razioni da 20 litri pieno di budino con lamponi, che mangiammo immediatamente. Il dottore ci diede delle sigarette e del cioccolato. In questo momento i russi ricominciarono a bombardarci con i mortai; chiesi allora velocemente al dottore di farci raggiungere dalla sezione recupero carri, e quindi ripartì per Karracho. Preparandomi ad un assalto nemico, rimossi la mitragliatrice di scafo dell'operatore radio, tutte le armi da fanteria, e preparato alcuni *Panzerfaust* e bombe a mano; quindi montai nella torretta, accesi una sigaretta e osservai il terreno davanti a noi.

Mi tesi subito – potevo sentire il rumore di un carro armato. Tolsi la sicura al cannone principale, scesi sul sedile del pilota e misi in moto. Paule azionò il meccanismo di rotazione della torretta e in un attimo fui alla posizione del porgitore.

---

[8] Abbreviazione per *Sanitäts-Kolonne*, Reparto Sanità.

La torretta di un *T-34* spuntò dalla cresta della collina. "Fuoco!" – un centro! Secondo proiettile caricato! Due membri dell'equipaggio del *T-34* saltarono fuori dal mezzo. "Fuoco!" Un altro centro! All'improvviso udimmo un forte colpo. Eravamo stati colpiti! Caricai un altro perforante. "Fuoco!" Il carro nemico fu messo fuori combattimento.

La fanteria russa, che aveva accompagnato il *T-34*, fece la sua comparsa. Il *Panzer* di Hauser dietro di noi iniziò a sparare. Distruggemmo altri sei di questi "cassoni". Quando apparve il settimo *T-34* il nostro cannone s'inceppò e non riuscimmo a sbloccarlo. Che fine aveva fatto Hauser? Non stava sparando più, e adesso un altro carro armato nemico stava avvicinandosi!

Ero furioso. Afferrai un *Panzerfaust* e lasciai il carro. Mi spinsi cautamente in avanti sino a una buca individuale ottanta metri di fronte a me. Il *T-34* si avvicinò. Si fermò e sparò contro il nostro *Panzer* abbandonato, ma il perforante nemico non fece danni. Colsi allora l'opportunità, mentre il *T-34* ricaricava, di puntare il *Panzerfaust* e tirai. Ebbi fortuna e lo colpii in pieno!

Quindi arrivarono altri due carri armati nemici. Non avevo più armi controcarro, solo le mie due pistole. Mentre mi chinavo nella mia buca, sentii un colpo in partenza dietro di me, e quindi un altro. Hauser stava sparando di nuovo. Mi girai e vidi entrambi i *T-34* bruciare. Corsi il più veloce che potevo verso il nostro carro danneggiato, gettandomi a terra ogni volta che fui bersagliato dal fuoco della fanteria russa.

Dopo che fui nella torretta, cercai subito Paule. Vidi che era vicino ai carri armati nemici in fiamme, con un *Panzerfaust* pronto al fuoco. Con orrore vidi che diversi soldati russi gli si stavano avvicinando; Paule se n'accorse e gli lanciò contro il *Panzerfaust*, e anche se non colpì nessuno, l'esplosione ebbe un notevole effetto sul morale del nemico. Iniziai a sparare con la mia mitragliatrice contro la fanteria, e Paule ne approfittò per correre a grandi balzi indietro verso il carro e ci saltò dentro, così riuscimmo a tenere a bada la fanteria russa. Improvvisamente udimmo il rumore di un mezzo che si avvicinava alle nostre spalle. Ci preparammo con i *Panzerfaust* e di tanto in tanto Paule sparava delle raffiche di mitragliatrice sulla fanteria russa. Ecco arrivare il mezzo recupero. Si avvicinò dietro il nostro *Panzer* e agganciammo il sistema di traino rigido al retro del nostro carro. Mentre stavamo preparando il *Panzer* al rimorchio, i russi iniziarono a bombardarci con mortai e a tirare con mitragliatrici e fuciloni controcarro.

Finalmente tutto fu pronto, e il mezzo recupero ci riportò lentamente alla nostra posizione di partenza. Qui notai l'equipaggio di uno *Sturmgeschütz* abbandonare il proprio corazzato in fiamme. L'equipaggio si ritirò verso le nostre retrovie, e io corsi rapidamente per vedere se riuscivo a spegnere l'incendio del mezzo. Quando fui abbastanza vicino, riconobbi che era quello del *Leutnant* Grosse, e che soltanto la rete mimetica posta sopra il mezzo era in fiamme, apparentemente incendiata da una granata di mortaio. A parte ciò, nient'altro non andava nello *StuG*, ma dell'equipaggio più nessuna traccia. Misi mano all'estintore e lo usai sulla rete mimetica ancora ardente, estinguendo l'incendio. Quindi salii sul sedile del guidatore, accesi il motore, misi la prima e partii. Cambiai marce sino alla sesta e guidai

al massimo della velocità seguendo la strada presa dal mezzo recupero, arrivando quasi contemporaneamente alle posizioni della nostra Compagnia.
Feci rapporto al mio comandante, che rimase stupito nel vedere il nostro *Panzer* danneggiato ma salvo. In seguito scoprii che era stato un *Nebelwerfer* catturato dai russi ad aver sparato i razzi che ci colpirono nel treno di rotolamento, uccidendo tre uomini del mio equipaggio. Feci rapporto anche sullo *Sturmgeschütz* del *Leutnant* Grosse da me recuperato. Il comandante si mise allora in contatto con il Comando, apprendendo che l'equipaggio dello *StuG* era già arrivato là, e che aveva dichiarato che il loro mezzo era stato messo fuori combattimento e che era andato a fuoco. Il mio comandante ordinò che l'equipaggio doveva mettersi immediatamente a rapporto da lui, e accusò il *Leutnant* Grosse di codardia, inviandolo alla Corte Marziale. Il resto dell'equipaggio fu inviato ad una Compagnia di disciplina. Quindi si girò verso di me dicendomi che anche io mi meritavo la Corte Marziale per non aver ubbidito ai suoi ordini. Quindi di colpo sorrise da un orecchio all'altro e mi disse:

Lei e il suo puntatore avete bloccato un attacco di corazzati e fanteria russo con il vostro Panzer *danneggiato. Avete distrutto otto carri armati e salvato il vostro carro armato, che la nostra sezione officina riuscirà a riparare. Avete inoltre recuperato uno* Sturmgeschütz *che era stato abbandonato negligentemente dal suo equipaggio.*
Per queste coraggiose azioni la raccomanderò per la Croce tedesca in oro. Dal momento che il suo porgitore ha già la Croce di Ferro di prima classe, lo promuovo sul campo a Unteroffizier. *In più, a lei e al suo porgitore saranno dati cinque giorni di riposo in retrovia.*

Non accettai quest'ultima offerta e invece richiesi che la sezione officina riparasse il mio *Panzer* e che mi fosse assegnato un nuovo equipaggio cosicché potessi ritornare in azione il più presto possibile. La mia richiesta fu accolta e dopo un giorno e mezzo ritornai al fronte con il mio carro armato riparato e un nuovo equipaggio. Il mese di marzo 1945 era alla metà, e le battaglie peggiori erano ancora da venire.

FEBBRAIO-MARZO 1945

Dopo aver ripiegato combattendo dal fiume Oder tra Glogau e Liegnitz, la nostra Divisione raggiunse la riva ovest dell'Oder a nord di Görlitz. Eravamo ancora alle dirette dipendenze del *Panzerkorps "Grossdeutschland"*, fatto per noi gradito giacché i rifornimenti a questa unità erano molto migliori che nella maggior parte delle altre unità dell'Esercito.
Però il mio nuovo equipaggio includeva due giovani dall'unità *Ersatz "Grossdeutschland"*[9] che non avevano la benché minima esperienza di combattimento su corazzati.

---

[9] Reparto addestramento e rimpiazzi.

Rimasi senza parole, ma il nostro comandante di Compagnia mi disse che ogni unità stava facendo dei sacrifici, e che il loro addestramento si sarebbe dovuto fare "sul campo" e il più presto possibile.

Per mia fortuna, Geert e Alfons furono degli studenti svegli e volenterosi: Geert era belga da parte di suo padre, ed era stato richiamato nell'autunno del 1944. La sua casa natale era St. Vith, e adesso era in mani americane. Alfons proveniva da Magdeburgo e aveva una gran voglia di dimostrare il suo coraggio in azione. L'età dei due giovani era di diciassette anni. Il terzo rimpiazzo era un esperto veterano appena dimesso dall'ospedale. Assegnai il *Gefreiter* Kintrup quale guidatore del *Panzer*, poiché la sua esperienza passata sarebbe stata critica nel manovrare il *Panzer* in battaglia.

Passammo le ultime due settimane di marzo difendendo le nostre posizioni mentre cercavamo lentamente di ricostruire la nostra forza in uomini e armi. Il comandante divisionale *Generalmajor* Heuthaus aveva dato degli stretti ordini al nostro comandante reggimentale *Major* Graf Rothkirch che il nostro *Panzer-Gruppe* non avrebbe dovuto essere impiegato se non quando assolutamente necessario.

Il 14 marzo 1945 la nostra Compagnia di *Panther* poteva contare su nove mezzi, ma perdemmo altri due carri armati quando i *Panzer* del *Feldwebel* Meyer e dell'*Unteroffizier* Pliski furono messi fuori combattimento qualche giorno dopo. Il nostro carro armato fu colpito diverse volte nello stesso scontro che aveva portato alla perdita dei due mezzi citati. I proiettili avevano scosso e spaventato molto i due giovani, Geert e Alfons, ma i colpi erano stati sparati da una distanza troppo grande e quindi non avevano perforato la nostra corazzatura frontale e laterale.

Calmai i ragazzi e gli dissi di concentrarci sul nostro problema immediato, che era quello di caricare il cannone in modo da poterci difendere. Il *Gefreiter* Kintrup mi teneva intanto informato dei movimenti nemici, osservandoli attraverso la visuale limitata del suo iposcopio.

Dalla sua posizione riusciva a vedere delle cose che non potevo o non avevo tempo di notare, dal momento che avevo ora il doppio compito di comandante di carro e di fare la balia a due reclute senza addestramento! Inoltre, eravamo con i portelli chiusi, così non potevo mettere la testa fuori della cupola del capocarro per osservare meglio. Riuscimmo a portare le chiappe fuori da questa brutta situazione, e alla fine di marzo 1945 la forza della nostra *Panther-Kompanie* era di nuovo di dodici carri; il numero di mezzi era aumentato solo grazie all'instancabile sforzo della *Werkstatt-Kompanie*[10].

14-30 MARZO 1945

Le ultime due settimane di marzo furono passate rinforzando i nostri ranghi, cercando nel contempo di conservare quante più munizioni possibile in modo da mettere da parte delle riserve[11].

---

[10] Compagnia mantenimento.

L'*Obergefreiter* Wunsche ritornò in servizio alla fine di marzo, e gli chiesi delle condizioni dell'*Unteroffizier* Fabl. Wunsche crollò la testa e disse che le ferite di Fabl si erano infettate, e che gli avevano dovuto amputare la gamba destra sino al fianco. Ai suoi camerati aveva detto che voleva solo morire. Non gli chiesi notizie sugli altri uomini che erano stati feriti per paura di avere la stessa risposta.

Adesso stavamo combattendo sul territorio della Germania centrale, e in qualche occasione ebbi l'opportunità di incontrare qualcuna delle ragazze locali. Il nostro *Kampfgruppe* reggimentale era dislocato nei pressi di Nieski e in un paio di missioni di procacciamento di cibo in città feci conoscenza con una ragazza del posto di nome Minken, che lavorava nel panificio cittadino.

Non potevo visitarla spesso quanto volevo dal momento che il mio Reggimento era sempre in allarme, ma il mio comandante sembrava avere un debole per me dopo che avevo recuperato lo *StuG* del *Leutnant* Grosse, e mi permetteva quindi di visitare Minken, con la scusa di andare a prendere il pane per l'unità.

Così, la nostra relazione sbocciò e una domenica sera, dopo aver fatto l'amore, lei mi chiese se pensavo di vederla ancora dopo la guerra.

Io non sapevo se sarei stato ancora vivo il giorno dopo, o se sarei sopravissuto alla guerra, o se lei stessa sarebbe sopravissuta, ma risposi "sì". Che altro potevo fare? Retrospettivamente, credo che prevedeva cosa aspettava la sua città in mano ai Rossi, e stava attaccandosi ad ogni possibilità che poteva offrirle un raggio di speranza che il periodo postbellico le portasse felicità. Non la rividi mai più. Il paese di Niesky fu poi catturato da Ivan il 20 aprile – il compleanno di Hitler. Quel giorno il nostro *Kampfgruppe* era schierato più a sud, combattendo per Ullersdorf.

3-15 APRILE 1945

Nella foresta di Neisse

Agli inizi dell'aprile 1945 eravamo ancora alle dipendenze del reparto d'élite *Panzerkorps "Grossdeutschland"*. Per il 3 aprile potevamo contare su 14 *Panther*, anche se uno era in riparazione (il *Panzer* del *Feldwebel* Steiner). Nella prima settimana di aprile, il nostro *Kampfgruppe* fu schierato più vicino alle posizioni sul fiume Neisse tenute dagli *Jäger-Regiment* della nostra Divisione.

Ci giunse voce che Ivan aveva tentato di attraversare il fiume e di infiltrarsi nelle linee del *Jäger-Regiment 2*. Quest'area era fittamente boscosa ed era difficile muovervisi con dei mezzi corazzati. Il nemico aveva in realtà stabilito alcune piccole teste di ponte sull'ala destra della Divisione, vicino a Steinbach, usate da Ivan per inviare delle pattuglie.

Per nostra fortuna, aggregate alla nostra *Kompanie* vi erano numerose Guardie forestali, e questo ci permise di trovare dei sentieri liberi attraverso la foresta e verso la riva ovest del Neisse. Venimmo poi a sapere che un Plotone di questi uomini, tutti con la divisa verde da forestale, si erano aggregati al nostro *Pioniere-Abteilung* e avevano dato prova di sé come fanti.

Sapevamo che l'Armata Rossa stava preparandosi ad un attacco perché l'attività di ricognizione dei russi delle nostre posizioni stava aumentando. Con i nostri *Panzer* riuscimmo a distruggere le piccole teste di ponte che Ivan usava per lanciare i suoi raid, ma ciò attirò il fuoco d'artiglieria nemico, che causò alcune perdite nella nostra *Kompanie*.
Quest'ulteriore aumento del fuoco d'artiglieria era un chiaro segno di come Ivan fosse vicino a lanciare il suo attacco. Durante le ultime operazioni presso le posizioni del *Jäger-Regiment 2*, perdemmo un *Panzer* quando si insabbiò in un banco di sabbia. Fummo abbastanza saggi da non provare a recuperarlo, per timore di rimanere impantanati noi stessi, immobili e in balia dell'artiglieria nemica.

14-16 APRILE 1945

Al crescente fuoco d'artiglieria si aggiunsero anche attacchi aerei; Ivan stava proprio per attaccare in forze. Il 13 aprile apprendemmo per radio che Wittenberge era in mano Alleata. Correvano voci anche su Dresda e su truppe americane già vicine al fiume Elba. All'epoca, chiaramente, non avevamo idea di quanto queste voci fossero vere: la Germania stava per crollare.
I rapporti di forze americane vicino al fiume Elba preoccupavano molto Alfons Dreier, che veniva da Magdeburgo ed era quindi naturalmente preoccupato per sua madre e sua sorella più giovane. Cercammo di confortarlo dicendogli che quei volantini lanciati sulle nostre linee dagli aerei Alleati erano solo propaganda pensata per demoralizzare le nostre truppe, e che non dovevamo prestarvi attenzione. In un certo qual modo, anche io stesso non volevo crederci, quindi non stavo solo tentando di convincere il ragazzo, ma anche me stesso.

16 APRILE 1945

Domenica 15 aprile 1945 ricevemmo voce che ci si aspettava l'offensiva dell'Armata Rossa per l'indomani. Il nostro *Panzer-Regiment* iniziò con lo schierarsi in una posizione per contrattaccare nell'area di Kaltwasser e dintorni. Fummo messi in allerta la domenica sera, e ci fu detto di riempire all'orlo i serbatoi di carburante. A causa della grave penuria di carburante, ci era stato ordinato tassativamente di non fare mai il pieno di carburante senza un ordine specifico. I nostri comandanti sapevano che i carristi con molto carburante a bordo tendevano a usarlo, mentre avendone poco erano costretti a risparmiarlo. Il solo fatto che c'era stato ordinato di fare il pieno ci diceva che il momento dell'offensiva sovietica era giunto. Un altro "indizio" era che il nostro comandante di compagnia ci permise di caricare sui nostri *Panther* tutti i proiettili per cannone (ce ne diedero quaranta) e di mitragliatrice che potevamo portare.
La settimana prima si era veramente arrabbiato con me per aver usato 3.000 proiettili di mitragliatrice e sei *Sprenggranate* durante il nostro appoggio al *Jäger-Regiment 2* a est di Bahain e Kaltwasser. Ci preparammo a sostenere l'assalto nemico e decidemmo con stoica rassegnazione di far pagare caro a Ivan ogni centimetro di terreno che avrebbe conquistato, anche se devo ammettere che alcuni nel nostro reparto avevano ben poche speranze di fermare l'Armata Rossa. Da

nostro reparto avevano ben poche speranze di fermare l'Armata Rossa. Da parte mia, credevo ancora nella vittoria finale, anche se pensavo che ci sarebbe stata una lunga strada davanti a noi.
Ci dissero che avevamo ancora di fronte il 1° Fronte Ucraino del Maresciallo Konev, e che secondo i rapporti della ricognizione dei fanti dei nostri *Grenadier-Regiment*, diverse nuove Divisioni siberiane avevano fatto la loro comparsa di fronte alla nostra Divisione. Questo non ci preoccupò tanto quanto il fatto che oltre a questo anche dei carri superpesanti *Josif Stalin 1* e *2*[12] erano stati identificati come in arrivo nel nostro settore del fronte. Sul fianco destro della nostra Divisione il fiume Neisse era profondo in molti punti poco più di un metro, e Ivan poteva attraversarlo con facilità.

Nieski e Kaltwasser

La sera del 15 aprile 1945 il nostro Battaglione si spostò ad est di Kaltwasser. La strada era completamente buia, e ci fu dato il permesso di accendere i nostri fari, anche se fu passato l'ordine che il comandante di Battaglione avrebbe segnalato alle Compagnie quando spegnerli.
Mentre ci avvicinavamo al fiume Neisse, potevamo udire il sempre più assordante ruggito dell'artiglieria degli Ivan martellante l'argine ovest con quelli che sembravano migliaia di pezzi d'artiglieria di tutti i calibri.
Non invidiai proprio i *Landser*[13] che stavano sopportando quel bombardamento, e pensai a cosa stavamo per andare incontro.
La mia paura più grande era che ci saremmo trovati di fronte i nuovi carri pesanti sovietici. A 2.000 metri non avevamo alcuna speranza di perforare la loro corazzatura; anche a 1.500 metri dovevamo colpirli sul fianco, così ordinai a Geert e Alfons di prepararsi a tirare con munizionamento perforante. Alla fanteria russa, anche se letale a corta distanza ai carri armati e ai loro equipaggi, sarebbe stata data un'importanza secondaria.
Lo stesso comandante di Battaglione approvò questa disposizione e fu passata la voce che era assai probabile ci saremmo scontrati con dei corazzati nemici, e di concentrarsi sui carri armati quando possibile. Il *Leutnant* Müller fu d'accordo.
I nuovi carri super-pesanti sovietici portavano un cannone da 122 mm capace di perforare anche la nostra corazza frontale. Avevamo incontrato queste enormi bestioni vicino Litzmannstadt. C'erano venuti addosso a 30-40 mezzi alla volta, e erano stati fermati solo grazie all'aiuto dei cannoni *Flak* da 88 mm del *Flak-Abteilung* divisionale del *Major* Voshage.

---

[12] Il carro armato pesante *JS-2 Stalin*, pesante 46 tonnellate e dalla corazzatura frontale che arrivava a 130 mm, era armato con un cannone da 122 mm. Uno svantaggio del pezzo *A-19/DT-25* del *JS-2* era che la munizione era separata in carica e proiettile, rallentando la cadenza di tiro; le dimensioni delle munizioni ne limitavano poi la riserva del mezzo a soli 28 colpi. Carro da sfondamento, doveva accompagnare l'avanzata della propria fanteria riducendo con le sue granate a alto esplosivo i capisaldi nemici, e ingaggiando i corazzati avversari.
[13] Termine gergale tedesco per "Fante".

Nelle prime ore del mattino, i russi attraversarono in diversi punti il fiume Neisse e incominciarono il loro attacco. Ci fu ordinato di contrattaccare. Prima che le nostre Compagnie potessero radunarsi appena a ovest delle posizioni tenute dal *Jäger-Regiment 2 "Brandenburg"*, ci fu comunicato dal Comando che i Rossi avevano già sfondato, e venimmo a sapere che i corazzati nemici erano penetrati anche nelle linee del *Jäger-Regiment 1* più a nord.

La nostra Compagnia in avanguardia (*2. Kompanie*), che era stata schierata come schermo si trovò presto impegnata in combattimento presso una fattoria circa a metà tra Bahain il Neisse. Il nostro operatore radio Geert udì dopo poco tempo il comandante della *2. Kompanie* richiedere freneticamente aiuto al Comando di Battaglione. Poiché questa unità era equipaggiata con i sorpassati carri armati *Panzer III*, non erano in grado di affrontare i carri medi o pesanti sovietici. Ringraziavo di essere a bordo del mio carro *Panther*, e non sentii che compassione per quei camerati della *2. Kompanie* che dovevano impiegare quelle vecchie scatole di latta.

L'inferno si era scatenato sulla terra e noi eravamo sul suo cammino.

Nella tempesta di fuoco

I nostri *Panzer* si allargarono a ventaglio nel terreno pianeggiante in direzione della fattoria e del suono degli spari, e c'imbattemmo presto nei resti della *2. Kompanie*. Scorgemmo, infatti, quattro mezzi correre a tutta velocità lungo la strada principale: l'unica cosa che potè fare il nostro comandante di Compagnia fu ordinargli di fermarsi. Il *Leutnant* Mainz era l'unico ufficiale tra loro – il resto dei capocarro erano sottufficiali. Riferì al nostro comandante che carri pesanti sovietici avevano attraversato [il fiume] in forze, e, con l'appoggio di truppe siberiane, avevano immediatamente sfondato le posizioni della nostra fanteria.

La sua Compagnia era stata attaccata quasi immediatamente, e non aveva potuto resistere all'assalto. "È stato un macello", disse alla radio; al che il nostro comandante, l'*Hauptmann* Steiger ribatté: "Stai zitto, non c'è bisogno di spaventare gli uomini!". Ordinò a Mainz di schierare i quattro *Panzer* restanti della sua Compagnia su ambo i fianchi dei nostri *Panther* e gli disse di tenere i nervi saldi: "Coprici i fianchi! Se uno di quei mostri ci arriva sui lati, colpitelo ai cingoli. Non avanzeranno oltre se vengono immobilizzati, ma non ritiratevi senza permesso o la pagherete molto cara!"

Solo allora mi resi conto che Mainz e i suoi uomini erano fuggiti dalla battaglia. Dissi a me stesso: "dopo che questa brutta faccenda sarà finita, Mainz e i suoi ragazzi saranno tutti fucilati per diserzione". Ma come accadde, fu ucciso poco dopo. Inoltre, era giunta la fine per la maggior parte della nostra Divisione, anche se allora non lo sapevamo ancora.

Dopo che furono passati cinque minuti, scorgemmo molte sagome scure in lontananza, che si rivelarono rapidamente come più di una dozzina di carri armati. Il sole stava sorgendo veloce, e dovevano averci visto in mezzo al bagliore che stava scendendo sopra di noi, perché prima di aver avuto una possibilità di aprire il fuoco, il nemico stava già sparandoci contro. Proiettili perforanti iniziarono a piovere

attorno ai nostri mezzi. L'*Hauptmann* Steiger ci ordinò immediatamente di avanzare verso i fianchi del nemico e di far fuoco a volontà.
Era praticamente impossibile per i nostri colpi avere un qualche effetto a quella distanza, ma già alcuni dei nostri ragazzi stavano tirando dei fumogeni per cercare di mascherare i nostri movimenti. Il nemico ben conosceva il nostro vecchio trucco di cercare di colpire dal fianco i loro corazzati, così Steiger ordinò a tre dei nostri *Panther* di avanzare sparando di qualche centinaio di metri in modo da tener gli *Ivan* impegnati.
Nel frattempo, non riuscivo più a scorgere il *Leutnant* Mainz e i suoi uomini sui nostri fianchi; o era scappato di nuovo, o i suoi *Panzer* erano molto dietro di noi. In un caso o nell'altro, sarebbero stati di ben poco aiuto contro i carri pesanti di *Ivan*. Riuscii a trovare una lunga depressione che proseguiva a est per circa 300 metri dalla nostra posizione, così dissi al *Gefreiter* Kintrup di portare il carro dentro di essa, evitando così di essere scoperti.
Il *Panther* del *Feldwebel* Kainz mi seguì nella depressione e presto fummo fuori vista, mentre gli altri *Panzer* della nostra Compagnia furono raggiunti dalla *3. (gepanzerte) Kompanie* del Battaglione. Presto l'intero *I. Panzer-Abteilung* si trovò spiegato lungo un ampio settore del fronte, e duramente impegnato nel mantenere le proprie posizioni contro questo attacco sovietico in massa. I russi stavano sparando con tutto quello che avevano sottomano. La fanteria russa era dappertutto e il fuoco delle nostre mitragliatrici non sembrava avere alcun effetto su di essa – ne spuntava fuori semplicemente dell'altra.
I russi continuarono a perseverare ostinatamente nei loro tentativi di sfondamento. Intanto il *Panzer* di Kainz e il mio erano riusciti a manovrare fuori dalla depressione e in una grande macchia d'alberi appena a sud della strada. Stavamo cercando di arrivare sul fianco i sovietici da sud quando fummo visti dalla fanteria russa. Udimmo il fuoco dei fuciloni controcarro e presto ricevemmo del fuoco d'artiglieria sulle nostre posizioni.
Comunicai via radio a Kainz di dirigere il suo *Panzer* a tutta velocità dritto attraverso le posizioni della fanteria russa e di non fermarsi sino a quando fossimo passati attraverso i boschi e in terreno aperto. Il nostro espediente funzionò e prima che Ivan si rendesse conto di quello che stava succedendo, eravamo passati in mezzo a loro e appena a sud della fattoria. Ruotammo a nord verso la strada e iniziammo a far fuoco con i nostri cannoni alla riga di carri armati allineati uno dietro l'altro, diretti ad ovest.
"Carro nemico a ore 11, 400 metri, *Panzergranate* – fuoco!"; appena un paio di secondi e sentimmo una forte esplosione e il carro *Josif Stalin* se ne andò in fiamme. "Colpito! Carro nemico a ore 12, 375 metri, *Panzergranate*, fuoco!" Un altro centro! E così via sino a quando altri due carri armati sovietici furono messi fuori combattimento. Anche il *Panther* dello *Stabsfeldwebel* Kainz stava facendo un buon lavoro, ma dopo che avevamo distrutto sette carri armati sulla strada il *Panther* di Kainz fu colpito in pieno, esplodendo.
Dall'altra parte della fattoria fecero la loro comparsa quattro cacciacarri *SU-85*. Il nemico aveva evidentemente ricevuto dei rinforzi, e mi fu chiaro che avremmo

presto raggiunto Kainz e il suo equipaggio se non ce ne fossimo andati via da lì. Il nostro piccolo contrattacco era giunto al termine, e ordinai di ripiegare.

Dissi al *Gefreiter* Kintrup di tornare indietro e di guidare veloce quanto il motore gli avrebbe permesso. Ruotai la torretta del nostro *Panzer* verso il retro e sparammo in movimento in direzione degli *SU-85*, pur ben sapendo che a quella velocità la nostra precisione era virtualmente pari a zero. Tirai inoltre tutti i fumogeni che avevamo ancora, sperando di schermarci ai corazzati nemici.

Ricevemmo un colpo alla nostra torretta; solo un proiettile di striscio, ma che danneggiò il mio periscopio. A parte la visuale di Kintrup, ora stavamo procedendo alla cieca. Non osavo aprire il portello temendo che la fanteria di Ivan ci tirasse una bomba a mano dentro o mi sparasse in testa non appena avessi sporto fuori il collo per dare un'occhiata. Fu poco dopo che ci inoltrammo nella stessa macchia boschiva dell'andata, aprendoci una via oltre la fanteria sovietica.

Per nostra fortuna, i Rossi erano stati impegnati da una Compagnia locale di *Hitlerjugend*, e stavano prendendosele di santa ragione da quei ragazzi. L'unità *Hitlerjugend* era ben fornita di armi individuali *Panzerfaust*. Ivan rimase sorpreso di vedere un *Panther* alle loro spalle, non aspettandosi di vederci ritornare dopo che avevamo sfondato le loro linee prima.

I ragazzini della *Hitlerjugend* stavano usando con grande efficacia i *Panzerfaust* contro la fanteria russa; questo e l'effetto psicologico di vedersi presi alle spalle da un carro armato fece disperdere gli Ivan. Grazie agli *Hitlerjugend* riuscimmo a riportare il nostro carro dietro alle nostre linee; ripercorrendo la stessa forra ci trovammo ben presto sulla strada con il resto della nostra compagnia. Ricevemmo subito la notizia che il nostro Battagliano stava ripiegando. Riferii personalmente all'*Hauptmann* Steiger che avevamo distrutto sette carri armati, ma che avevamo perso il *Panther* dello *Stabsfeldwebel* Kainz e il suo intero equipaggio. Non appena sbucammo sul terreno aperto finimmo sotto un pesante cannoneggiamento diretto e indiretto. Era evidente che alcuni dei nostri *Panther* erano stati distrutti, ma non ebbi il tempo di vedere quali tra i miei camerati erano stati uccisi. Nonostante l'incessante sbarramento riuscimmo a disimpegnarci dall'area, ma ci lasciammo dietro i nostri camerati morti e molti preziosi carri armati.

Trovammo i resti del *II./Jäger-Regiment 2* tentare un'ultima resistenza a Kaltwasser. Difendemmo la città sino a mezzanotte e quindi dovemmo andar via per essere riforniti. Avevamo esaurito in pratica tutte le nostre munizioni per *MG* e avevamo solo due granate da sparare. Durante questa giornata avevamo sparato trentotto granate e 4.300 colpi di mitragliatrice.

Non ci piaceva l'idea di lasciare i nostri *Landser* a sbrigarsela da soli, ma non avevamo scelta. Il rimanere nel centro abitato senza possibilità di rispondere al fuoco di Ivan sarebbe stato stupido e irresponsabile. Dovevamo rifornirci di munizioni. La maggior parte degli altri *Panther* era nelle stesse condizioni, ma alcuni, come il carro armato dell'*Unteroffizier* Knocken, erano stati messi fuori combattimento all'inizio degli scontri per il paese e non potevano essere recuperati. Knochen ci trasmise che aveva ancora sei granate, e che intendeva spararle prima di tentare di distruggere il suo mezzo e di ripiegare a piedi. Il nostro comandante affermò che adesso ci saremmo ritirati sino a Mückenheim, raggruppandoci e rifornendoci lì. Dopo un allucinante viaggio che non sembrava finire mai raggiungemmo la periferia della città, che come scoprimmo presto era difesa da alcuni *Hitlerjugend*, una unità del *Volkssturm* e dai resti del *I./Jäger-Regiment 2*. A Mückenheim riuscimmo a recuperare un po' di carburante, ma la nostra unità di rifornimento divisionale non si trovava, così non potemmo recuperare nessuna granata. Eravamo in una brutta situazione, dal momento che la città era già sotto attacco e le strade che portavano a sud e ovest dalla città potevano già essere in mani nemiche.

Prima di poter decidere sul da farsi, ci giunse voce che il nostro comandante divisionale, il *Generalmajor* Schulte-Heuthaus stava cercando di riunire quanto era rimasto della *"Brandenburg"* dentro e attorno alla città di Ullersdorf, a sudovest di Mückenheim. Ci dissero che il Generale era vicino al fronte su un di un portatruppe semicingolato, cercando di riunire le truppe e rinsaldare il loro morale.

Lasciammo Mückenheim alle nostre spalle. Fu duro vedere quegli anziani e giovanissimi restare a difendere la loro città. Sapevo che si stavano domandando "Perché ve ne andate?", ma gli ordini erano ordini. Non saremmo stati di alcuna utilità se fossimo stati colpiti uno ad uno. Se non ci fossimo raggruppati non avremmo potuto tentare un contrattacco, e senza un contrattacco, Ivan non se ne sarebbe andato.

Tutto accadeva così in fretta che non ebbi neanche il tempo di riparare il mio binocolo a forbice; inoltre la nostra unità riparazione non si trovava! Io e altri due comandanti di carri decidemmo che il piano d'azione migliore era di dirigerci a sudovest, verso Ullersdorf, dal momento che i rapporti radio indicavano che la città di Niesky era già circondata e sotto assedio.

Procedemmo a sudovest incontrando dei reparti esploranti nemici che ci spararono a casaccio mentre correvamo attraverso un acquazzone torrenziale. Per nostra fortuna il nemico non era presente in gran forza nell'area, né poteva colpirci facilmente di notte e con un tempo così brutto. Giungemmo a Ullersdorf dove finalmente incontrammo alcuni elementi della logistica divisionale, e fummo in grado di rifornirci di granate per il cannone. Ci sentimmo di nuovo forti, ora che potevamo rispondere al fuoco!

Definire la riparazione al binocolo a forbice affrettata era dir poco, e sulla parte superiore della torretta era rimasto aperto un piccolo foro. Il nostro comandante di Compagnia ci disse che non vi era tempo di fare di più, così mi disse di coprire la stretta mancanza con della lamiera d'acciaio quando il periscopio non era in uso. Per un vecchio veterano come me, questo anche solo questo fatto la diceva lunga su quanto la situazione fosse critica. Ci dissero che a Ullersdorf il *II./Jäger-Regiment 2* del Maggiore Renner era stato completamente annientato, e ci giunsero voci che la *615. Infanterie-Division*[14], sul fianco sinistro della nostra Divisione, era completamente crollata. La situazione appariva migliore sul nostro fianco destro, dove la *20. Panzer-Division* stava mantenendo le proprie posizioni e aveva formato una linea d'intercettazione da Rabental a Regersdorf in modo da trattenere Ivan e appoggiare la nostra Divisione.

---

[14] Il *Divisions-Kommando z.b.V. 615*, formato agli inizi del 1945 con diverse unità alle dipendenze della *4. Panzer-Armee*, combatterà nel settore di Dresda sino a fine guerra.

La sera del 20 aprile il nemico penetrò nella parte settentrionale di Ullersdorf in un attacco a sorpresa che sbilanciò le nostre difese. La nostra fanteria fu costretta a ripiegare sulla parte meridionale della città e ci fu ordinato di concentrarci a sudovest dell'abitato, dove si stava riunendo il nostro *Panzer-Gruppe Wietersheim*. Dopo esserci preparati al meglio delle nostre possibilità, lanciammo i rimanenti corazzati attorno e dentro Ullersdorf con quello che rimaneva del *Jäger-Regiment 2*. Il *II. Abteilung* (*Sturmgeschütz*) del nostro Reggimento conquistò facilmente una collina dominante che aveva dato qualche problema ai nostri *Landser* e ai nostri *Panzer*. La collina era anche usata dagli Ivan come posto d'osservazione avanzato per l'artiglieria, così fummo contenti di vederla in nostre mani.

Mentre avanzavamo nuovamente nella città, ci rendemmo conto che non sarebbe stata una passeggiata: Ivan aveva fortificato dappertutto le sue posizioni, e i corazzati nemici, carri armati e semoventi, erano in agguato in quasi ogni strada o casa diroccata. La nostra progressione fu resa lenta e a caro prezzo da Ivan, che si era ben trincerato. Finii ben presto le granate ad alto esplosivo, perché dovemmo proprio aprirci la strada a colpi di cannone, così fui costretto ad usare i proiettili perforanti, i quali ci servivano disperatamente contro i corazzati nemici.

Con il nostro aiuto, la fanteria riprese la maggior parte della città, ma non riuscimmo a strappare via ai Rossi la parte settentrionale.

Ivan contrattaccò e tutto quello che potevamo fare era tenere le nostre posizioni. In quelle rovine barricate la nostra fanteria combatteva per la propria vita. Gli fornimmo quel supporto che potevamo, ma non potevamo correre il rischio di lasciare i nostri preziosi *Panzer* alla mercé della fanteria nemica.

Ai primi del 21 aprile ci fu ordinato di ripiegare per paura di uno sfondamento sui nostri fianchi. Ullersdorf, così duramente contesa, fu lasciata al suo destino. La nostra ritirata ci portò a ovest di Altmark, che era già sotto attacco. Tenemmo Altmark per due giorni e mezzo, fino a quando, temendo l'accerchiamento, ci fu ordinato di ripiegare. Per quella data la nostra *4. Kompanie* era ridotta a sei carri *Panther*, incluso il carro comando dell'*Hauptmann* Steiger.

Fu l'*Hauptmann* Steiger stesso che mi diede la notizia che ero stato nominato *Offizierantwärter* (Allievo Ufficiale). L'essere stato scelto per la Scuola Allievi Ufficiali mi emozionò, ma sapevo che ci sarebbe voluto un po' di tempo prima che riuscissero a avvicendarmi nella Compagnia, data la nostra situazione attuale. Come fu, la fine della guerra, appena due settimane dopo mise fine al mio sogno di diventare Ufficiale. Ad ogni modo, dal 24 aprile 1945 non ero più l'*Unteroffizier* Bodenmüller, ma l'*Offizierantwärter* Bodenmüller. Poco dopo che Altmark fu presa dai rossi, al nostro *Panzer-Gruppe Wietersheim* fu ordinato di rischierarsi temporaneamente a Buchnolz. Ma anche questa città cadde ben presto in mano sovietica.

Dopo Buchnolz ci spostammo ad ovest di Gröditz, con Ivan alle nostre calcagna. Non sembravamo più in grado di raccogliere abbastanza forze e potenza di fuoco per fermare Ivan. I ripiegamenti costanti iniziarono a logorarmi, e speravo che i nostri comandanti si fermassero e ci permettessero di combattere fino alla nostra distruzione, ma il nostro comandante reggimentale stava eseguendo una difesa mobile, anche se dal nostro punto di vista sembrava che la difesa si muovesse solo in una direzione: ovest!

Ci ritirammo da Buchnolz verso sudovest, in direzione di Bautzen. Ci fermammo brevemente solo a Gröditz quando fummo attaccati da un'altra colonna corazzata nemica (quest'ultima da nord). Non esisteva più ormai una linea del fronte, e fu solo con molta difficoltà che riuscimmo a sfuggire ad Ivan.

Bautzen fu presto circondata e isolata. Fu quindi pianificato un attacco che avrebbe impiegato non solo la nostra Divisione (o meglio ciò che ne restava) ma anche la *20. e 21. Panzer-Division*. Questa offensiva, ci dissero, era necessaria per evitare che i russi avanzassero su Dresda. Una Divisione della *Luftwaffe* appena arrivata avrebbe coperto il fianco sinistro del contrattacco.

L'attacco ebbe inizio appena dopo mezzanotte, e durò fino alla tarda mattinata. Il nostro *Panzergruppe Wietersheim* avanzò sul fianco sinistro dell'attacco, e riuscimmo a colpire numerose colonne di fanteria motorizzata. C'imbattemmo in un'unità corazzata polacca, che decimammo con i nostri *Panther* e *Sturmgeschütz* rimasti. L'essere di nuovo all'attacco, anche se solo per pochi giorni, ci fece sentire bene. Per il 27 aprile avevamo compiuto la nostra missione e Dresda era al sicuro.

Fummo poi avvicendati da elementi di una Divisione di Fanteria e inviati a riorganizzarci nell'area di Ottendorf. Secondo il nostro comandante di Battaglione, saremmo stati ora trasferiti nel protettorato ceco, operando lì. La prima settimana del maggio 1945 eravamo schierati attorno ad Olmütz quando sentimmo della resa.

Il nostro comandante divisionale ci diede il suo addio e ci disse che potevamo considerarci liberi di tentare la fuga verso l'occidente se volevamo evitare di essere catturati dai rossi. Come tutti gli altri, il mio equipaggio e io distruggemmo il nostro *Panther* e ci dirigemmo verso le linee americane, venendo catturati da una pattuglia statunitense quattro giorni dopo.

La guerra era finalmente finita, e io ero ancora vivo.

Il simbolo tattico della "Brandenburg" su di un Sd.Kfz. 251/9 *(7.5 cm). Notare anche la fascetta da braccio divisionale sulla* **Sonderbekleidung**.

Jäger *della "Brandenburg" in azione sul Fronte Orientale.*

Alcuni Panther Ausf. G *della* Fallschirm-Panzer-Division "Hermann Göring" *in Slesia, 1945.*

Due immagini di Panther Ausf. G *del* Panzer-Regiment 5, 25. Panzer-Grenadier-Division *a Ortwig, dintorni di Küstrin, febbraio 1945.*

Küstrin, febbraio 1945. Grenadiere *e* Panther *della* 25. Panzer-Grenadier-Division *contrattaccano.*

Germania, 1945. Un Panther *apre il fuoco con il suo* 7.5 cm KwK 42 L/70.

Germania, 1945. Un soldato tedesco osserva il terreno davanti alla sua postazione difensiva mentre alcuni Panther *prendono posizione.*

Slesia, 1945. Due Panzerkampfwagen IV *sotto il tiro dell'artiglieria sovietica.*

Il duro e essenziale lavoro di manutenzione e riparazione svolto dagli equipaggi dei Panther *e dai meccanici delle* Werkstatt-Kompanie *(Bundesarchiv – di seguito BA)*.

Si effettua una riparazione sulla corazzatura superiore della torretta di un Panther.

Marzo 1945. Una Sezione tedesca armata di MG 42 e Panzerfaust in combattimento urbano.

Slesia, febbraio 1945. Due militi del Volkssturm *armati di* MG 34 *difendono la propria terra.*

Dei Grenadiere *superano un JS-2 Stalin distrutto tra le macerie di una città tedesca.*

Febbraio 1945. Un Gruppe *di* Grenadiere *armati di* Panzerfaust *(BA).*

Marzo 1945. Landser *in marcia d'avvicinamento (BA).*

Slesia, 25 febbraio 1945. Alcuni giovani Grenadiere *avanzano verso il fronte (BA).*

Febbraio 1945. Giovani soldati della Hitlerjugend *reduci da un'azione (BA).*

Febbraio 1945. Una munita posizione del Volkssturm *sull'Oder, vicino a Francoforte. Notare il* Volksgewehr 1-5 *impugnato dal* Zugführer *sulla sinistra, il* Panzerfaust, *la* MG 42 *e il fucile* Mauser K98k *con ottica* ZF *(BA).*

Marzo 1945. Un giovanissimo membro del Jungvolk *decorato sul campo della* Eisernes Kreuz *di seconda classe (BA).*

1945. L'abitato di Podelzig, nella regione bassa dell'Oder, completamente distrutto nei combattimenti (BA).

1945. Le rovine della stazione ferroviaria di Reitwein, presso l'Oder (BA).

1945. La chiesa del villaggio di Podelzig colpita dall'artiglieria sovietica (BA).

Carri JS-2 Stalin *in sosta in una strada di una città tedesca.*

Questa vista di un carro JS-2 Stalin *con montati dei* Tankodesantniki *(fanteria di scorta) in un centro abitato tedesco permette di osservare la posizione di difesa ravvicinata sul retro della torretta, dotata di mitragliatrice* DT *in calibro 7.62 mm e la* DShK *da difesa antiaerea da 12.7 mm, di grande utilità anche nel tiro terrestre grazie al potere perforante della sua munizione.*

Carri JS-2 Stalin *modello 1944 (variante riconoscibile dalla piastra frontale angolata) in attesa dell'ordine di attacco, 1945. È evidente la mole del cannone da 122 mm* D-25T.

Un semovente ISU-152, *armato del potente obice-cannone da 152 mm.*

Germania, 1945. Semoventi controcarro SU-100 e carri T-34/85 pronti a entrare in azione.

Fronte Orientale, febbraio 1945. Una colonna di mezzi Lend-Lease, *con in testa delle* M3A1 Scout Car, *sulla strada di un centro abitato.*

Una M3 Scout Car *dell'Armata Rossa presso un ponte sull'Oder, 1945.*

Germania, aprile 1945. L'equipaggio di un semovente SU-76M *punta il cannone da 76.2 mm del mezzo.*

L'artiglieria e i lanciarazzi multipli russi furono tra le armi più efficaci dell'Armata Rossa nell'infrangere la resistenza delle truppe tedesche difendenti il Reich: qui l'obice-cannone ML-20 *da 152 mm, e un* BM-13 Katjuša *da 132 mm su un camion* Chevrolet G-7107.

Fronte Orientale, 20 febbraio 1945. Un attacco sovietico è stato appena respinto: restano i relitti di due T-34/85 distrutti e i cadaveri di alcuni fanti russi (BA).

Germania, 1945. La fuga dei profughi tedeschi davanti all'avanzata dell'Armata Rossa (BA).

La città di Dresda e le vittime del bombardamento Alleato del 13-14 febbraio 1945 (BA).

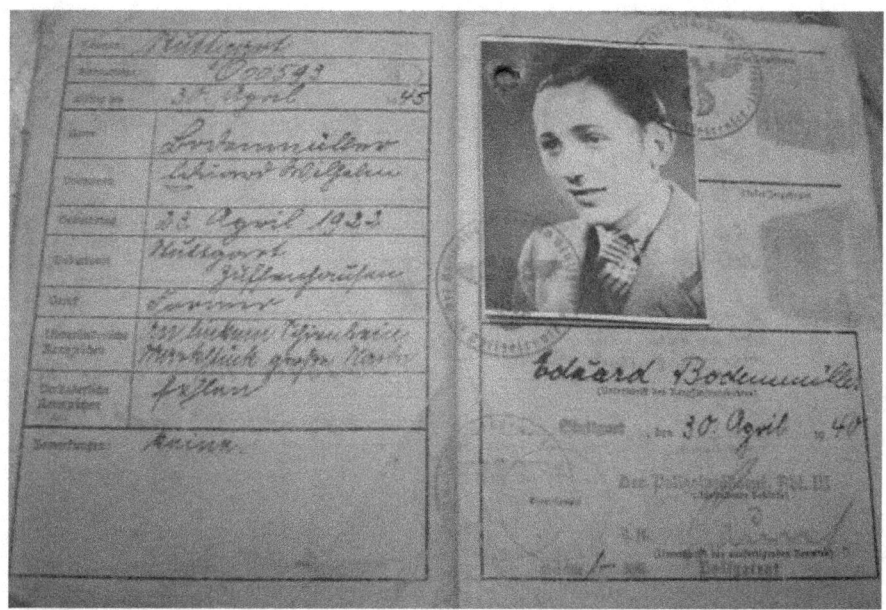

Documenti personali, decorazioni, distintivi e fregi di Eduard Bodenmüller (collezione privata).

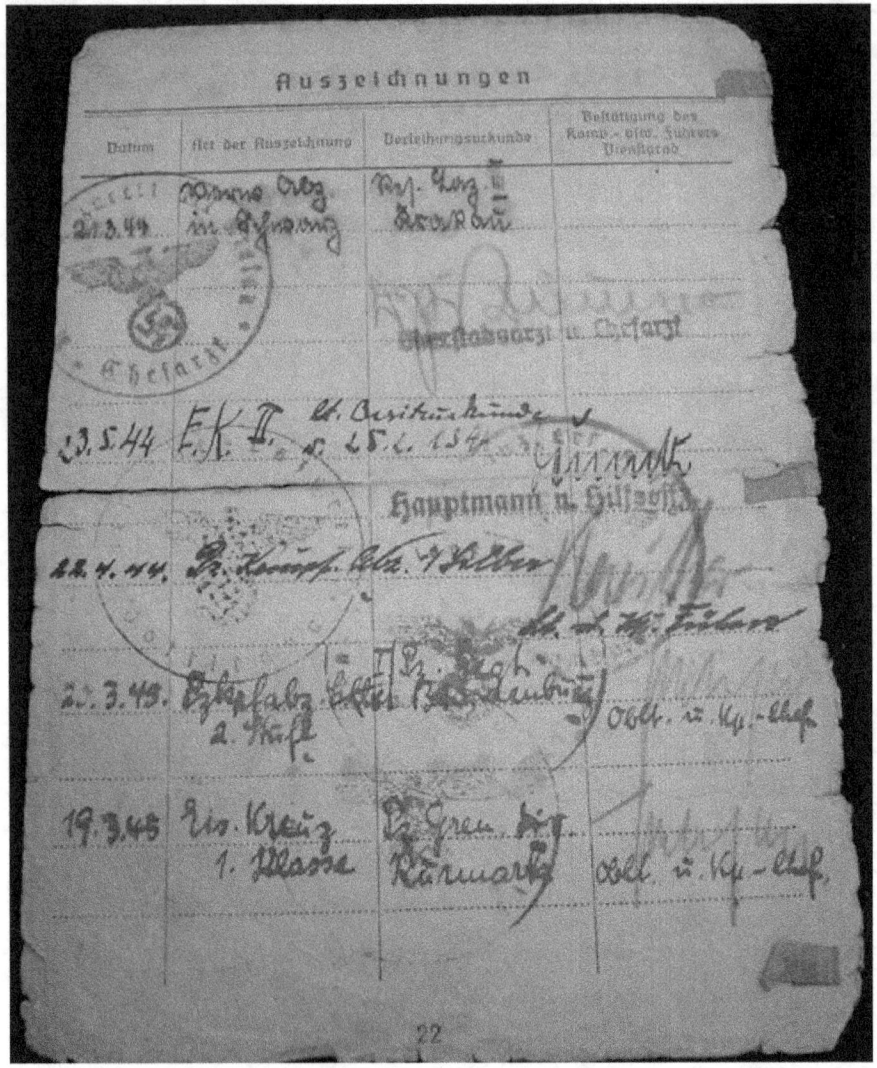

Foglio del Soldbuch *di Eduard Bodenmüller con annotato i conferimenti delle sue diverse decorazioni e distintivi. Dall'alto in basso: Distintivo da ferito in nero, Croce di ferro di 2ª classe,* Panzerkampfabzeichen *in argento, 2° grado del* Panzerkampfabzeichen *(ossia il distintivo numerato per 25 azioni di combattimento) e la Croce di ferro di 1ª classe (notare come quest'ultima decorazione è annotata da un* Oberleutnant *della Pz.-Gren.-Div "Kurmark").*

Nella tavola precedente, da sinistra a destra e dall'alto in basso: Croce di ferro di 1ª classe, Panzerkampfabzeichen *numerato "25", Distintivo da ferito in argento, mostrine in panno nero con* Waffenfarbe *rosa delle unità* Panzer *della* Heer *(inusuali perché prive di Totenkopf, e appare evidente che ne siano state sempre prive), la piastrina di riconoscimento di Bodenmüller (Erkennungsmarke), la Croce di Ferro di 2ª classe, e la pagina del suo* Soldbuch *sopra riprodotta in dettaglio.*

I COMANDANTI DELLA PANZERGRENADIER-DIVISION "BRANDENBURG" E DEL PANZER-GRUPPE VON WIETERSHEIM

GENERALMAJOR
HERMANN SCHULTE-HEUTHAUS

Nato il 15 gennaio 1898 a Gut Klein Weißensee, in Prussia Orientale, Hermann Schulte-Heuthaus all'inizio della prima guerra mondiale era un *Fahnenjunker-Unteroffizier* nel *3. Grenadier-Regiment "König Friedrich der Grosse" Nr. 4*. Fu poi promosso *Fahnrich* e quindi *Leutnant* nella stessa unità nel 1915, assumendo il ruolo di Comandante di Plotone, poi di Aiutante di Battaglione" e quindi di Reggimento nel 1918, guadagnandosi entrambe le classi della Croce di Ferro. Dopo la fine della guerra entrò temporaneamente nella *Reichswehr*, e fu promosso *Oberleutnant*. Dopo essersi sposato rientrò nell'Esercito, e nel 1934 fu promosso *Hauptmann*, e assegnato alla *Unteroffiziersschule Potsdam*. Promosso *Major* dal gennaio 1939, alla mobilitazione nell'estate 1939 fu inviato alla *Infanterieschule Potsdam*, e il 10 febbraio 1940 gli fu dato il comando del *I. Bataillon* dell'*Infanterie-Regiment 1* della *1. Infanterie-Division*, conducendolo nella Campagna di Francia, dove rimase ferito.
Promosso *Oberstleutnant* il 1° agosto 1940, fu messo in Riserva e poi assegnato quale Comandante del *Kradschützen-Bataillon 25* della *25. Infanterie-Division (mot.)*, impiegata in Russia meridionale nell'estate 1941 e nel settore centrale del fronte russo nel settembre dello stesso anno; per queste azioni fu insignito della Riconferma a entrambe le classi della Croce di Ferro, e nel 1942, sempre al comando della sua unità, della *Ritterkreuz des Eisernes Kreuz*.
Posto alla fine del febbraio 1942 nella *Führerreserve*, fu inviato nel *Generalstab* della *Panzerarmee Afrika*; promosso *Oberst* il 1° aprile 1942, assunse dal 17 al 22 settembre 1942 il comando ad interim della *90. leichte Division*. Finito il suo servizio in Africa, nel luglio 1943 fu nominato Comandante del *Füsilier-Regiment "Grossdeutschland"*, e fu nuovamente ferito. Dopo la sua convalescenza, nel marzo 1944 gli fu dato il comando della *Ersatz-Brigade "Grossdeutschland"* a Cottbus, incarico che mantenne sino all'ottobre 1944 quando sostituì il *Generalleutnant* Fritz Kühlwein alla guida della *Panzergrenadier-Division "Brandenburg"*. Condusse quindi la Divisione nei duri combattimenti tra l'Oder e il Neisse nei pri-

mi mesi del 1945, essendo promosso *Generalmajor* il 1° marzo 1945. Alla capitolazione fu inviato in prigionia dagli Alleati, e rilasciato nel 1947. Morì il 28 dicembre 1979 a Berlino.

MAJOR WALTER VON WIETERSHEIM

Walter von Wietersheim, esperto Ufficiale carrista, comandò il *Panzer-Gruppe von Wietersheim* della *Panzergrenadier-Division "Brandenburg"* nel 1944-1945. Era stato decorato della *Ritterkreuz* quale *Hauptmann* e comandante del *II. Abteilung* del *Panzer-Regiment "Grossdeutschland"* il 15 maggio 1944 per i suoi successi durante i combattimenti per Jassy il 7 marzo 1944: il suo *Panzer* distrusse in questo scontro 14 carri armati nemici, sei cannoni controcarro e due pezzi d'artiglieria, gettando le basi per la riuscita avanzata del suo reparto.

MAJOR HANS-SIEGFRIED GRAF ROTHKIRCH UND TRACH

Graf Rothkirch, comandante il *I. Abteilung* del *Panzer-Gruppe von Wietersheim*, era stato decorato della *Ritterkreuz* quale *Hauptmann* e comandante del *I./Panzer-Abteilung 26*, alle dirette dipendenze della Divisione *"Grossdeutschland"*, per aver distrutto con la sua unità *Panzer*, ridotta a soli sei corazzati, otto carri armati nemici e numerosi pezzi controcarro, avanzando di propria iniziativa nelle posizioni sovietiche e permettendo la continuazione dell'attacco della fanteria tedesca in direzione di Schaulen il 17 agosto 1944.

I decorati della Ritterkreuz della "Brandenburg" durante i combattimenti del gennaio-maggio 1945 sul Fronte Orientale

Oberleutnant Eckart Afheldt
II/Jäger-Regiment 2 "Brandenburg",
Ritterkreuz il 17 marzo 1945.

Il 31 gennaio 1945, al comando del suo Battaglione sotto organico, Afheldt riuscì a penetrare con un attacco di sorpresa notturno nel villaggio di Neu-Wiersewitz, eliminando il pericolo di un attacco sul fianco al *Gruppe von Saucken* durante l'attraversamento del fiume Oder presso Neu-Fähreichen.

Major Wilhelm Brockerhoff
P*anzer-Artillerie-Regiment "Brandenburg"*,
Ritterkreuz l'8 maggio 1945.

Decorato della *Ritterkreuz* per l'eccezionale guida del Reggimento, e il suo coraggio personale dimostrato nelle azioni di ripiegamento davanti al Neisse nel gennaio e febbraio 1945.

OBERST ERICH VON BRUCKNER
Jäger-Regiment 1 "Brandenburg",
Ritterkreuz l'11 marzo 1945.

L'*Oberst* von Bruckner e i suoi uomini riuscirono a far evacuare la guarnigione di circa 2.000 soldati della cittadina slesiana di Deutsch-Lissa, e a raggiungere agli inizi del febbraio 1945 la città di Glogau, sfondando le linee sovietiche e subendo perdite trascurabili.

LEUTNANT HELLMUT VON LEIPZIG
Pz.-Aufklärungs-Abt. "Brandenburg",
Ritterkreuz il 28 aprile 1945.

Il *Leutnant* von Leipzig e gli uomini del suo Plotone d'assalto (*Jagdzug*) avanzarono nell'area del castello di Milkel presso Bautzen il 24 aprile 1945, riuscendo a cacciare i sovietici dalle loro posizioni in un duro combattimento ravvicinato, durante il quale il giovane *Leutnant*, ferito, condusse l'attacco solo con la sua pistola, impegnando, tra l'altro, l'equipaggio di un carro armato nemico messo fuori combattimento. Alla fine dell'azione, il suo piccolo reparto aveva subito la perdita di soli 2-3 feriti contro i 20-30 morti inflitti al nemico.

HAUPTMANN FRIEDRICH MÜLLER-ROCHHOLZ
Pionier-Bataillon "Brandenburg",
Ritterkreuz l'8 maggio 1945.

Il riuscito sfondamento dei Pioniere al comando dell'*Hauptmann* Müller-Rochholz da Nieski a Rabenthal il 21 e 22 aprile 1945, portando con sé tutti i propri feriti e numerosi profughi, salvò non solo i soldati ma anche i civili tedeschi dall'attacco sovietico.

OBERSTLEUTNANT KARL HEINZ OESTERWITZ
Jäger-Regiment 2 "Brandenburg",
Ritterkreuz il 30 aprile 1943, *Eichenlaub* il 10 febbraio 1945.

L'*Oberleutnant* Oesterwitz fu insignito della *Ritterkreuz* per aver conquistato con un colpo di mano il ponte a Beloretschkaya l'11 agosto 1942, dopo aver superato le munite difese nemiche presso il ponte impiegando un camion sovietico.
L'11-12 febbraio 1945 l'*Oberstleutnant* Oesterwitz riuscì a recuperare un convoglio ferroviario di rifornimenti, carico di carburante e munizioni da una città già in mano sovietica, riuscendo a riportarlo oltre le linee tedesche nell'area di Sprottau. Per questa azione fu insignito delle *Eichenlaub*.

HAUPTMANN ERICH ROSEKE
Jäger-Regiment 1 "Brandenburg",
Ritterkreuz l'8 maggio 1945.

L'*Oberleutnant* Roseke riuscì a difendere con la sua *6. Kompanie* nel novembre 1944 la testa di ponte di Apatin in duri combattimenti difensivi contro i sovietici che avevano attraversato il Danubio, prevenendo una immediata penetrazione nemica verso ovest. Promosso *Hauptmann* (all'età di soli 24 anni era il più giovane Capitano della Divisione), nel 1945 si distinse ancora in azione quale comandante di Battaglione e di *Kampfgruppe*. In azione con i reparti *"Brandenburg"* dal 1939, tra i suoi molti exploit nel 1942 era stato al comando di una sezione a cavallo di cosacchi che prese parte a un raid di ricognizione verso il Mar Caspio dove fu raggiunto il punto più a est toccato dalla *Heer*.

MAJOR WERNER VOSHAGE
Heeres-Flak-Abteilung "Brandenburg",
Ritterkreuz il 9 maggio 1945.

Nei duri combattimenti difensivi a metà dell'aprile 1945 nell'area di Spremberg-Weisswasser, il *Major* Voshage e il suo reparto *Flak* impedirono ripetutamente lo sfondamento degli attacchi in massa sovietici presso Werkirch, a ovest del Neisse.

MAJOR MAX WANDREY
Jäger-Regiment 1 "Brandenburg",
Ritterkreuz il 9 gennaio 1944, *Eichenlaub* il 16 marzo 1945.

L'*Oberleutnant* Wandrey fu decorato della *Ritterkreuz* durante la conquista dell'isola di Lero, dove assaltò la combattuta quota 204 con cinquanta uomini del *III. Abteilung* (che guidava in vece del comandante ferito). Presa la quota, irruppe alla testa di venti uomini nel posto di comando del Generale inglese Tilney, catturandolo.

Le *Eichenlaub* gli furono conferite postume quale *Major der Reserve* e comandante del *II. Bataillon* del *Jäger-Regiment 1 "Brandenburg"* per la sua magistrale azione di comando nel febbraio 1945 a Sprottisch-Waldau, dove il suo Battaglione, pur formato da personale in buona parte senza ancora esperienza di guerra, riuscì a liberare dall'accerchiamento diverse unità tedesche (il *Gruppe von Saucken*, con le Divisioni *"Hermann Göring"* e *"Brandenburg"* e la *20. Panzer-Division*). L'ostinata difesa ad est di Sprottisch-Waldau permise, infatti, di sferrare un attacco dalla foresta di Primkenauer verso nord di Sprottisch-Waldau e quindi di stabilire il contatto con il fronte tedesco tra l'11 e il 12 febbraio 1945. Il 20 febbraio, durante un'ispezione in prima linea la *Kübelwagen* di Wandrey saltava su di una mina. Le gravi ferite riportate si dimostrarono fatali per il coraggioso Ufficiale, che decedeva il giorno successivo presso un ospedale da campo a Krauschwitz[15].

---

[15] Schede tratte da Helmuth Spaeter, *Panzerkorps Grossdeutschland*, West Chester, 1990.

APPENDICE 1

LA SCHEDA TECNICA UFFICIALE DEL PZ.KF.WG. V PANTHER

Stoff-gliederung 21	**Geheime Kommandosache!** **Panther I (VK 3002)** Ausf. D A u G	Blatt G325

Dringl.-St.: *SS AH Pogr.* (zugleich auch Pz. Bef. Wg. Panther)
Bo Stck. I. DF **Technische Daten:**

Gesamtgewicht des Fahrzeuges (Gefechtsgewicht) ~ 44,8 t
Motor *HL 230,* 600[x)]- 700[x)] PS x) bei 2500 U/Min, xx) bei 3000 U/Min
Spez. Leistung *13,4[x)]- 15,6[m] PS/to*
Höchstgeschwindigkeit *45,7[x)]-55[x)]* km/Std.
Mitgeführte Kraftstoffmenge 730 l (einschl. Reservetank)
Fahrbereich mit einer Kraftstoff-Füllung:
    Straße ~ 200 km; mittl. Gelände ~ 100 km
Grabenüberschreitfähigkeit ~ 2,45 m , Kletterfähigkeit 0,9 m
Watfähigkeit *1,9 m* Steigvermögen 35°
Besatzung *5 Mann* Spez. Bodendruck *0,87 kg/cm²*
    Bodenfreiheit *0,56 m*

Länge ~ 8,860 m, Breite ~ 3,27 m
Höhe mit Aufbau ~ 2,995 m 3,420 m m. Schürzen
Feuerhöhe *2,30 m*
Bordmunition *79 Schuß Kw K, 4200 Schuß MG, 192 Schuß MP*
    ab Ausf. G = 82   "
    Pz. Bef. Wg. - 64   "
Bestückung: = 1 7,5 cm Kw. K. 42 (L/70)
    2. MG. 34 (1. i. Turm, 1 i. Kugelblende); 1 MP
Abfeuerung *Kw K elektr. ; MG mech. Fußhebel u. Bänderzug (i. Turm)*
    MG f. Kugelblende durch Handabzug
Optisches Gerät: a) Turmoptik *TZF 12 (binocular); später TZF 12 a (monocular)*
    b) Kugeloptik *KZF 2*
    c) Fahreroptik *Prismeneinsätze*
    d) i. Pz. Führerkuppel *Primenspiegel*
Funkgerät (normale Ausstattung) *Fu 5 + Fu 2 (für Pz. Bef. Wg. Panther*
        Sonderausstattung)
Panzerung: Front *80 mm* Seite *40 mm*, Schürzen *5 mm*
    Bug *60 mm* Dach *16 mm*
    Turm *100 mm (Front)* *; 100 mm, Gußstahl*
        45 mm (Seite) Walzstahl
Kette *86 Glieder, Kettengewicht 2050 kg*

Rohstoffbedarf: *Eisen unleg. 33 409,-kg*	dav. Grob u. Mi. Bleche 30 735,-kg
(o. Waffe) *leg. 44 060,-"*	Feinbleche 1 888,-"
f. Stck. i. k *Eisen gesamt 77 469,-"*	Fertiggew. (einschl. Waffe) 43 400,-kg

Preis *RM 117 100,-*	Durchschn. Fertigungszeit ~ 14 Monate	Arbeitsstunden

Fertigungsfirmen:
  <u>Montage und</u> MAN, Augsburg - Nürnberg;
  <u>Fahrgestelle</u>   Daimler - Benz, Bln. - Marienfelde;
      MNH, Hannover

  <u>Panzerung:</u> Dortm.- Hoerd - Hütt. Verein - Dortmund, Eisenw. Oberdonau, Linz;
      Ruhrstahl - Hattingen Böhler - Kapfenberg; Bismarckhütte O/S;

Appendice 2

Il Panther contro il T-34/85 e il JS-2

Di seguito, i dati di un rapporto datato 6 ottobre 1944 del *Waffenamt Prüfwesen 6 – Panzer- und Motorisierungsabteilung* (Dipartimento Collaudo Armi 6) confrontanti l'armamento e la protezione del *Panther* e del *T-34/85* e *JS-2*.

Tutti i test furono effettuati con un angolo di impatto di 30° tra il bersaglio e la traiettoria del proiettile.

Il *7.5 cm KwK 42* del *Panther* penetra il *T-34/85* sino alla distanza di:
2.000 m (torretta, frontale) 1.200 m (torretta, mantello) 300 m (scafo, frontale) 300 m (scafo, frontale inferiore) 2.700 m (torretta, laterale) 2.900 m (superiore) 3.500+ m (scafo, laterale) 3.300 m (torretta, posteriore) 2.300 m (scafo, posteriore).

L'*S53* da 85 mm del *T-34/85* penetra il *Panther* sino alla distanza di:
500 m (torretta, frontale) 0 m (mantello) 0 m (scafo, frontale) 0 m (scafo, frontale inferiore) 3.400 m (torretta, laterale) 2.400 m (superiore) 3.500+ m (scafo, laterale) 3.400 m (torretta, posteriore) 3.400 m (scafo, posteriore).

Il *7.5 cm KwK 42* del *Panther* penetra il *JS-2* sino alla distanza di:
800 m (torretta, frontale) 400 m (torretta, mantello) 600 m (scafo, frontale) 1.000 m (scafo, frontale inferiore) 1.600 m (torretta, laterale) 1.600 m (superiore) 2.000 m (scafo, laterale) 400 m (torretta, posteriore) 1.000 m (scafo, posteriore)

L'*A19* da 122 mm del *JS-2* penetra il *Panther* sino alla distanza di:
1.500 m (torretta, frontale) 500 m (torretta, mantello) 0 m (scafo, frontale) 100 m (scafo, frontale inferiore) 3.500+ m (torretta, laterale) 3.500+ m (superiore) 3.500+ m (scafo, laterale) 3.500+ m (torretta, posteriore) 3.500+ m (scafo, posteriore)

Indice

La Panzer-Grenadier Division "Brandenburg" e i suoi ultimi combattimenti sul Fronte Orientale 3

Cronologia delle operazioni delle unità del Panzerkorps "Grossdeutschland" sul Fronte Orientale nel gennaio-maggio 1945 . 9

Il diario di guerra di Eduard Bodenmüller, Capocarro di Panther nella 4. Kompanie, Panzer-Gruppe von Wietersheim, Panzer-Grenadier-Division "Brandenburg", Gennaio-Maggio 1945 . . . 13

I comandanti della Panzergrenadier-Division "Brandenburg" e del Panzer-Gruppe von Wietersheim 63

I decorati della Ritterkreuz della "Brandenburg" durante i combattimenti del gennaio-maggio 1945 sul Fronte Orientale . . 65

Appendice 1
La scheda tecnica ufficiale del Pz.Kf.Wg. V Panther . . 70

Appendice 2
Il Panther contro il T-34/85 e il JS-2 . . . 71